高知城を歩く

岩﨑義郎

刊行によせて

高知市長　岡﨑　誠也

岩﨑義郎さんが「高知城を歩く」の第三版を上梓されました。

岩﨑さんは、土佐史談会で研鑽を積まれ、さらに土佐観光ガイドボランティア協会では、発足当初から中心メンバーとして、現地ガイドはもとより、ガイド養成講座の講師としても縦横に活躍されておられます。

本書は、岩﨑さんのこうした経験と専門的な蓄積を基に、市民の皆様や観光客の方々と接する中で培われた的確な内容が満載されており、大変詳しく分かりやすい高知城案内となっています。

高知城は、明治になって一部の建造物が取り壊されたものの、幸いに戦災を免れたこともあって天守や追手門などが藩政時代のまま残り、昭和九年には当時の「国宝保存法」によって国宝に指定されていました。戦後は新しい「文化財保護法」の施行により、天守以下一五の建造物が重要文化財に指定されています。現在、明治以前からの木造天守が残っている城は全国一二カ所ですので、高知城もわが国近世城郭建築における重要な歴史遺産であります。天守と追手門が一枚の写真に収まることが高知城の特徴であることも有名で、観光客の皆様にとって恰好の記念写真スポットとなっています。

さらに、明治七年から公園として開放された高知城は、本市のシンボルとして、四季を通して市民の皆様に深く親しまれています。

また、高知城周辺は、高知の歴史を堪能する「まちあるき」ができる場所であり、日曜市などの観光資源もあるところですが、これから山内家資料を中心とする県立高知城歴史博物館や、県市合築図書館などの開館が予定されており文化面でも充実される予定です。

そして、平成二九年には大政奉還一五〇年を、平成三〇年には明治維新一五〇年を迎えます。本市も含め、全国各地で関連行事の計画が進んでいますので、幕末維新史の中で土佐人が果たした役割にあらためて光が当たることと思います。

このような時期に刊行される本書は、誠に時宜を得た貴重なガイドブックであり、多くの皆様に本書を手にとっていただき、高知城探訪の供にしていただくことを願っています。

最後に、岩崎さんのご努力に敬意と感謝を表しまして、「刊行によせて」の言葉といたします。

平成二七年七月

高知城を歩く・目次

杉ノ段から三ノ丸へ　69

詰門・二ノ丸あたり　113

高知城のうつりかわり

本丸を東方より望む。左から正殿・天守・東多聞・廊下門

高知城跡略図

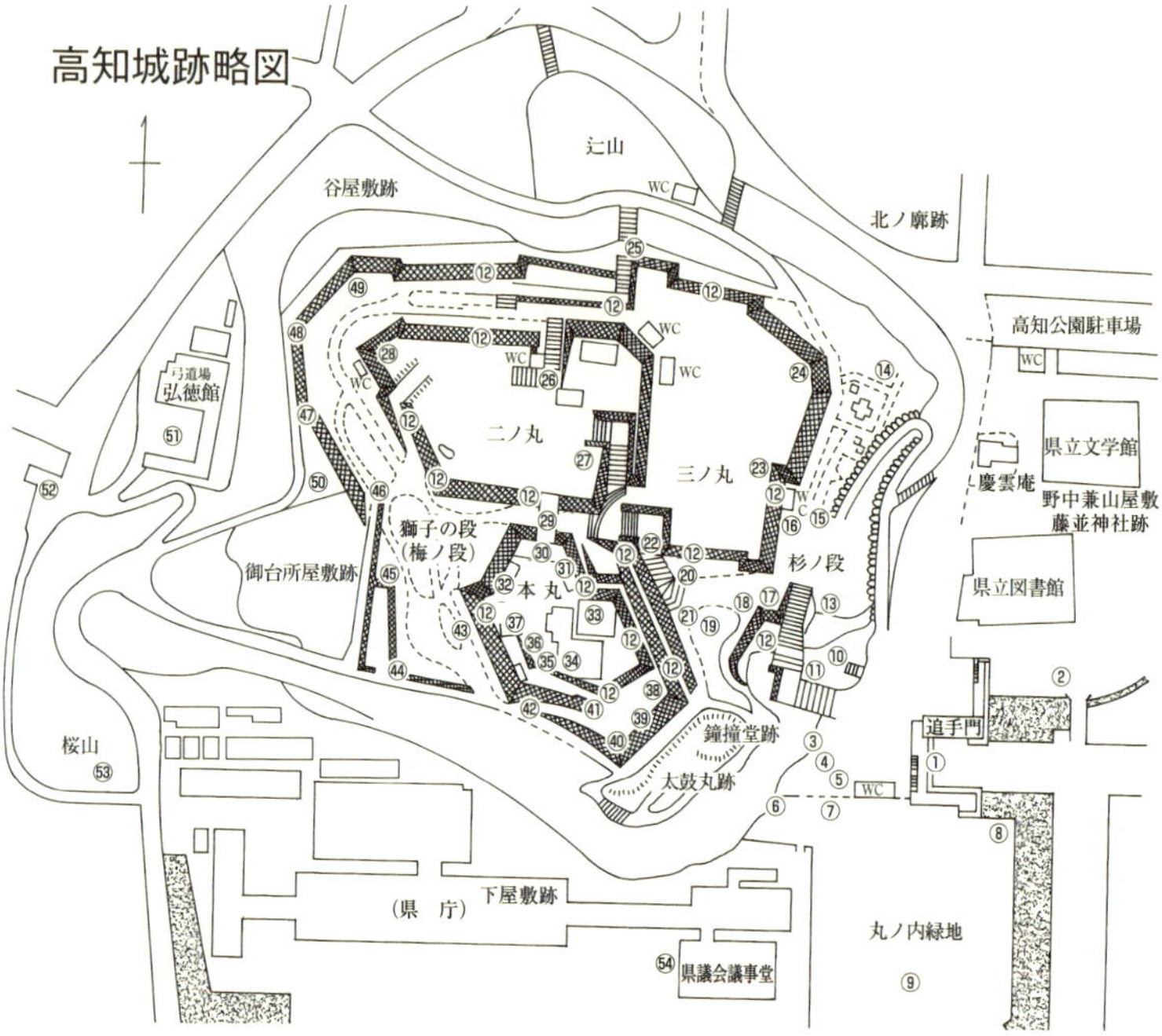

1 「国宝高知城」の碑
2 山内一豊の銅像
3 殉職警察官の碑
4 高知城観光案内所
5 コインロッカー
6 川﨑善三郎頌徳碑
7 石山孫六の碑
8 野村茂久馬の銅像
9 矢橋式日時計
10 板垣退助の銅像
11 センダン
12 石樋
13 山内一豊の妻の銅像
14 清水源井記念碑
15 鹿持雅澄愛妻の碑
16 星野秀太郎記念碑
17 楠正興記念碑
18 杉ノ段の井戸
19 浜田波静の句碑
20 岡村景樓の記念碑
21 カヤノキ
22 鉄門跡
23 長宗我部期石垣遺構
24 丑寅櫓跡
25 石垣の美しい所
26 水ノ手門跡
27 公園記の碑
28 二ノ丸乾櫓跡
29 詰門
30 廊下門
31 東多聞
32 西多聞
33 天守
34 本丸御殿（懐徳館）
35 納戸蔵
36 本丸の日時計
37 黒鉄門
38 鐘撞堂
39 多門蔵跡
40 太鼓櫓跡
41 本丸二ノ門跡
42 本丸一ノ門跡
43 花神塔
44 西南櫓跡
45 黒門跡
46 華塚
47 西櫓跡
48 乾櫓跡
49 イヌマキ
50 城内鎮座神社跡
51 西ノ丸跡
52 西ノ口門跡
53 高知県交通殉難者の碑
54 片岡健吉の銅像

大高坂山

高知市街の中央部に雄大な姿を見せる高知城は、江戸時代のはじめ土佐の領主となった山内一豊によって築城されました。

大高坂山と呼ばれたこの城地は、わずか四五メートルほどの丘陵ですが、今から約六七〇年も前の南北朝の戦いの頃、ここに大高坂城があり、南朝方に属した大高坂松王丸がこの城を本拠として戦ったという記録があります。この頃は城といっても、その後の城郭のような建造物はなく、望楼と土塁を中心としたものであったと考えられています。

戦国時代には朝倉に進出した本山氏の勢力範囲で、大高坂氏の子孫が在城し、のち長宗我部元親に仕えたともいわれますが、正確な記録はありません。

天正一六年（一五八八）、元親は祖先伝来の岡豊《おこう》城から大高坂山に移って城を構えましたが、周辺部分は低湿地である上、南北を流れる川の度重なる水害に悩まされて、町造りも思うように進まず、ついにこの地をあきらめて海運の便のある浦戸に城を築き、わずか三年後の天正一九年には浦戸に移りました。最近の研究では、秀吉の朝鮮出兵に伴い長宗我部の水軍を活用するため、浦戸に移ったという説も出てきました。

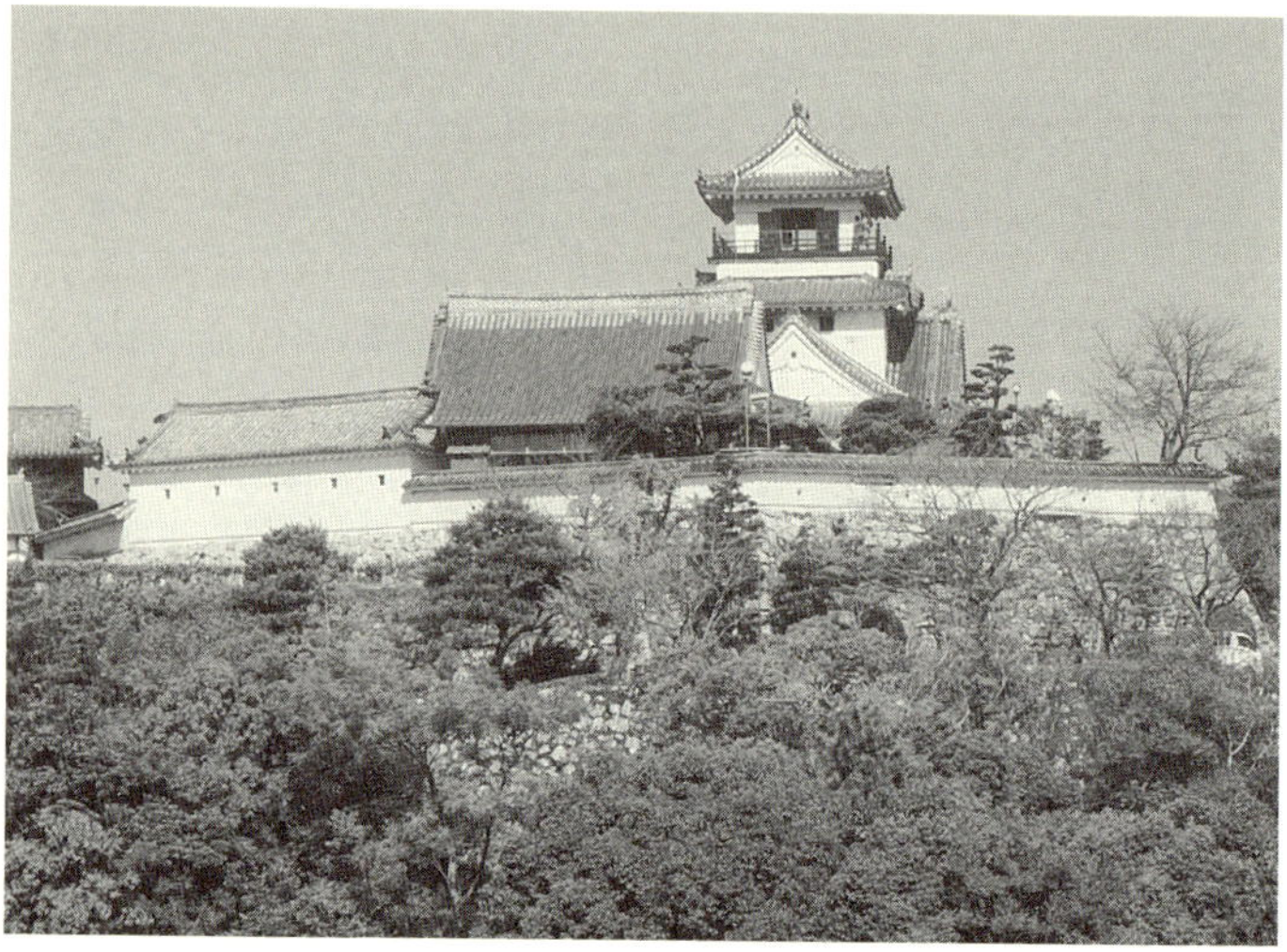

南方より望む本丸。左から納戸蔵・正殿・天守

慶長五年（一六〇〇）関ヶ原の合戦で、長宗我部盛親（元親の子）は西軍石田三成方についたため、徳川家康によって国を追われ、代わって遠州（静岡県）掛川六万石の領主であった山内一豊が新しい領主となって入国しました。山内一豊は慶長六年一月、浦戸城に入りましたが、新しい時代への町造りと人心一新を目指して、大高坂山に築城することとし、同年秋から新城の建設に着手しました。

着工から二年後の慶長八年には本丸と詰門、太鼓櫓が完成し、一豊は浦戸から移りました。全体の完成は、着工から一〇年後の慶長一六年で、一豊はすでに慶長一〇年九月に死亡しており、幕府から許可を受けた築城期限七年を三年もオーバーしていました。

八代藩主豊敷《とよのぶ》の代の享保一二年（一七二七）、城下からの出火が飛び火して追手門など一部の建物を残して焼失、ただちに復興を願い出てその許可を得ましたが、財政逼迫《ひっぱく》のため工事は進まず、天守が完成したのは、焼失から二二年後の寛延二年（一七四九）のことでした。

維新後の明治六年（一八七三）、高知城は公園として生まれかわることになり、二ノ丸、三ノ丸の建造物その他が取りこわされ、植樹や花壇なども整備されました。その結果、翌明治七年八月からは公園として県民に開放されました。

昭和九年（一九三四）一月三〇日、当時の「国宝保存法」によって国宝に指定されました。戦後施行された「文化財保護法」によって、昭和二五年（一九五〇）八月二九日には天守以下一五の建造物が国の重要文化財に指定され、また、昭和三四年六月一八日付で高知城跡約一〇ヘクタール（約一〇町歩）が国の史跡として指定されております。

重要文化財指定の建造物概要

天　守　外観四重五階（内部三層六階）本瓦葺き
　　　高さ　礎石上端から大棟頂上まで　一八・五メートル

懐徳館（本丸御殿）一重、入母屋造り本瓦葺き
　上段ノ間（床・違い棚・書院付）に二ノ間・三ノ間・溜ノ間などが付属
納戸蔵　一重、入母屋造り本瓦葺き
　八畳三室、四畳、および縁側
黒鉄門　櫓門、入母屋造り本瓦葺き
西多聞　一重櫓、本瓦葺き
東多聞　一重櫓、本瓦葺き
詰　門　櫓門、北面入母屋造り南面廊下門に接続
廊下門　櫓門、入母屋造り本瓦葺き
追手門　櫓門、入母屋造り本瓦葺き
天守東南矢狭間塀　延長六一・二メートル、銃眼一五カ所、与力窓一カ所、
　石落し三カ所、本瓦葺き
天守西北矢狭間塀　延長　五・八メートル、石落し一カ所、本瓦葺き
黒鉄門西北矢狭間塀　延長二三・〇メートル　銃眼五カ所、石落し一カ所、本瓦葺き
黒鉄門東南矢狭間塀　延長一四・六メートル　銃眼三カ所、本瓦葺き
追手門西南矢狭間塀　延長七一・二メートル　銃眼一三カ所、本瓦葺き外面腰板張り

追手門東北矢狭間塀　延長二七・六メートル　銃眼五カ所、本瓦葺き外面腰板張り

狭間・狭間塀

狭間《さま》というのは、城郭の塀や櫓の壁に開けられた矢や鉄砲を射るための小窓のことで、用途によって鉄砲狭間《てっぽうざま》（丸・三角）、矢狭間（長方形）などに分かれています。狭間を備えた塀を狭間塀あるいは矢狭間塀と呼びます。

狭間の構造は厚みの中心を軸にして内外に扇形に開き、内側が広く外側を狭くして内側からは見やすく、外側からは弾丸などが飛び込みにくい構造になっています。一度覗いてみてください。

今回の著述にあたっては、高知県教育委員会の記述にしたがって、鉄砲狭間・矢狭間の区別なく「銃眼」に統一し、塀の呼称も「矢狭間塀」と記載しました。

天守のある城

現在木造天守の残っている城は、全国で次の一二カ所です。構造などの詳細は一九四頁をご覧ください。

弘前城（青森県）　別名　鷹岡《たかおか》城　重要文化財
犬山城（愛知県）　別名　白帝《はくてい》城　国宝
丸岡城（福井県）　別名　霞《かすみ》ヶ城　重要文化財
松本城（長野県）　別名　深志《ふかし》城　国宝
彦根城（滋賀県）　別名　金亀《こんき》城　国宝
姫路城（兵庫県）　別名　白鷺《はくろ》城　国宝
松江城（島根県）　別名　千鳥《ちどり》城　国宝
備中松山城（岡山県）　別名　高梁《たかはし》城　重要文化財
丸亀城（香川県）　別名　亀山《かめやま》城・蓬莱《ほうらい》城　重要文化財
宇和島城（愛媛県）　別名　板島丸串《いたじままるくし》城・鶴島《つるしま》城　重要文化財
松山城（愛媛県）　別名　勝山《かつやま》城・金亀《きんき》城　重要文化財

高知城　（高知県）　別名　鷹《よう》城　　　重要文化財

（註）国宝の城は、前記五城のほかに京都二条城を含めて六城、天守と追手門がともに残っているのは弘前城・丸亀城・高知城の三城だけです。

高知城の別名

各地の城にはそれぞれ別名が付けられています。例えば姫路城は「白鷺城」、松江城は「千鳥城」、岡山城は「烏《う》城」といった具合ですが、高知城の別名は「鷹城」です。どうして鷹城と名付けられたかははっきりしておりませんが、この山が大高坂山と呼ばれていましたので、その「高」から転じて「鷹」の城としたのかとも考えられます。三ノ丸の東南隅からは天守の姿が一番よく見えますが、ここから見ますと天守と両側に広がる白壁の矢狭間塀の取り合わせが、精悍な鷹が両翼を広げて今にも飛び立とうとしているように見えます。私の思い込みでしょうか、一度ここに立ってよく眺めてみてください。

高知城築城の記録

城を築いた記録は戦略上も重要なもので、多くの城の場合、記録していないかあるいは残されていないのが普通ですが、高知城の場合は、築城の記録がよく残されております。
県立図書館に『御城築記』『御城旧記』『高知城築記』『高知城之記』が収蔵されており、『皆山集』や『土佐国古城略史』などにも収録されておりますが、ここでは、主として山内家資料『一豊公紀』に収録されている「御城築記」〔慶長六年（一六〇一）築城開始から〕、「御城築舊誌」〔同八年本丸完成から一六年まで〕を参考にして、築城の模様を平易な文章にして抜き書きしてみます。ただし、ここでは全体的な記事を中心とし、各施設に直接関係する分は、その説明の中に入れることにします。

「御城築記」より

● 慶長五年（一六〇〇）一一月、山内一豊は、榊原康政・井伊直政を通じて浦戸城以外の場所に築城したい旨を願い出た。早速家康に召され、どこでも勝手次第に築城してよろしいという許可を得た。（この分は『御家伝記』）

●翌年六月、大高坂山に築城することを決定。公儀（幕府）に届け出た。期間は七年とした。
●同八月、築城家百々越前を召され、築城のすべてを任せることにした。また、子の出雲も同様、親子してよろしく頼む旨仰せ出された。
●同九月鍬《くわ》初め（起工式）実施（日は不明）
●石は浦戸城の石を差し支えない部分から取り、江ノ口まで大船で運んだ。そのほか久万・万々・神田・潮江・円行寺などから取った。材木は久万・万々・秦泉寺・朝倉・一宮などから、木場で下ごしらえの上運んだ。
●瓦は大阪から取り寄せた、同時に職人も大阪から招いた。
●築城中異変が起きた場合は、潮江村の塩屋崎と横浜村宇津野で〝のろし〟を揚げて、浦戸城に連絡するようにしていた。
●武士の家では、老人や子供まで竹や木や石を持参し、自発的に手伝った。若衆は簀《す》の子《こ》を荷《にな》い、あるいは二人で担いだりして運び、幼少の者は袂に石や砂を入れて運んだ。町人・郷人はなおさらである。町・郷の一〇歳以下の者には砂一升、石一升につき鳥目《ちょうもく》（お金）を渡した。
●石垣を築く時は、紙の旗印で組ごとの達成目標を定め、一日ごとに進み具合を記録して競わせた。
●石は修羅《しゅら》（そりのような道具）あるいは車に乗せて運び、これもいろはの旗印で競わせた。

●出夫一日につき千二、三百人ばかり。一人につき搗米《つき》七合と味噌代を金銭で支給した。(麦を渡したこともあったようである)

●月夜の時は夜間も工事を進め、夜普請の節は家老中より高張提灯が出され、松明《たいまつ》は公儀から出された。

●二ノ丸の地固めには、手拍子に陣太鼓を打ち鳴らし、侍以下踊りの足拍子を揃えて固めた。一豊公も見物され、御酒を下された。

●石ノ口(土台石)を築くには、侍や人夫が打ち交じって築き、〝キヤリ〟は若侍衆が唄い、人夫のうちからも音頭をとった。若侍衆は風流染めの浴衣などを着て、いろいろおどけ口を申し、一豊もご機嫌よく、およろこびなされた。

●一豊は一日置きに浦戸城から来られた。この時全く同じ装束の五人の家来が馬で同行し、誰が一豊か分からないようにした。これは浦戸一揆の残党が築城工事の日雇いや人夫の中に交じっているという情報があったからで、以後六人衆と呼ばれた。

●浦戸からの道中での襲撃を警戒するため、鉄砲百挺をはじめとする護衛が同行した。

「御城築舊誌」より

●八月二一日、一豊公浦戸から入城された。

●御供の者は皆上方から直接河中《こうち》の城に入る態勢で、武装を整えて入城、お城で待つ武士たちも城外で武装を整えて拝謁した。ただし、幼少の者は陣羽織・鉢巻き姿で拝謁、侍中の妻子たちも、相応の出陣姿で長刀をかいばさんで拝謁した。

●御入城当日から二、三日は、終日旗・馬印などをお城に立て、絶えず鉄砲を打ち放し、鐘太鼓を打ち鳴らした。

●御入城当日、お祝いがあった。本丸には一豊公・弟康豊・織田信安・毛利吉成・百々越前親子が出席、家老などは二ノ丸に仮屋を建てて祝賀の席とした。真如寺在川・雪蹊寺月峯・竹林寺空鏡なども列席、一豊も一緒にお祝いした。にぎやかに酒盛りや謡《うたい》があり、家老たちからは小謡（祝言用に短い一節を抜き出して謡うもの）や台詞《せりふ》が出され、在川和尚はかまきりのまねをした。

●御入城お礼のため家康公へは山内伊賀、秀忠公へは寺村主膳を派遣した結果、それぞれ首尾よく帰国した。

●城下の侍屋敷割りも完了し、浦戸から妻子たちが引っ越してきた。また上方に残っていた家族たちもだんだん来るようになった。

●二ノ丸の作事（建築）が大半終わる頃から、一豊公は健康を害されたが、工事は継続された。（入城から二年後の慶長一〇年九月二〇日没）

百々越前守安行

高知城の築城奉行を勤めた百々《どど》越前守安行は、近江国犬上郡百々村（現滋賀県彦根市鳥居元町）の出身で、本能寺の変ののち、豊臣秀吉の命で信長の孫秀信を守って岐阜城に入りました。慶長五年（一六〇〇）の関ヶ原の戦いでは秀信が西軍石田方に味方したため、戦後罰せられて京都で謹慎していました。築城家として名を知られていましたので、同じく豊臣に仕えていた前田玄以らのとりなしで罪を許され、山内一豊に仕えました。

翌年土佐に来て、七千石を与えられて高知城の築城総奉行となり、一切を任されました。安行は、養子の出雲（一千石、実は津山の森美作守家来・大塚丹後の二男）を補佐役に、軽装して自ら鍬を取り、工事関係者を督励し、二年間家に帰らず普請小屋に詰めていたと伝えられています。高知城の全面完成を待たず、慶長一二年には丹波篠山城の普請に向かいましたが、同年一二月二二日京都で死亡しました。六二歳。（一四年説もあります）

高知市越前町は、安行の住居があったことから名付けられたものです。百々氏は以後も土佐藩家老格として続きましたが、五代百々采女《うねめ》の急死により家老職は断絶、以後は采女の弟の家系が馬廻格で明治まで続きました。

高知の命名

慶長八年（一六〇三）八月、本丸が完成して一豊が浦戸から入城し、大高坂山に新たに名を付けることになりました。このとき、真如寺在川和尚は、南北の川にはさまれた土地であるので、河中《こうち》山と名付けてはという意見で、河中山に決定しました（『土佐物語』では、雪蹊寺の住職月峯和尚としています）。

ところが、それ以後たびたび水害に悩まされ、河中という地名が悪いということになりました。そこで慶長一五年九月、二代藩主忠義は、あらためて五台山竹林寺の空鏡和尚に相談しました。空鏡和尚は文殊の高い智恵にちなんで、呼び方の同じ高智を提案、その意見を入れて高智山と改めました。いつの頃からか〝智〟の字が〝知〟となりましたが、これが現在の高知の名の起こりとされています。

追手門周辺と丸ノ内緑地

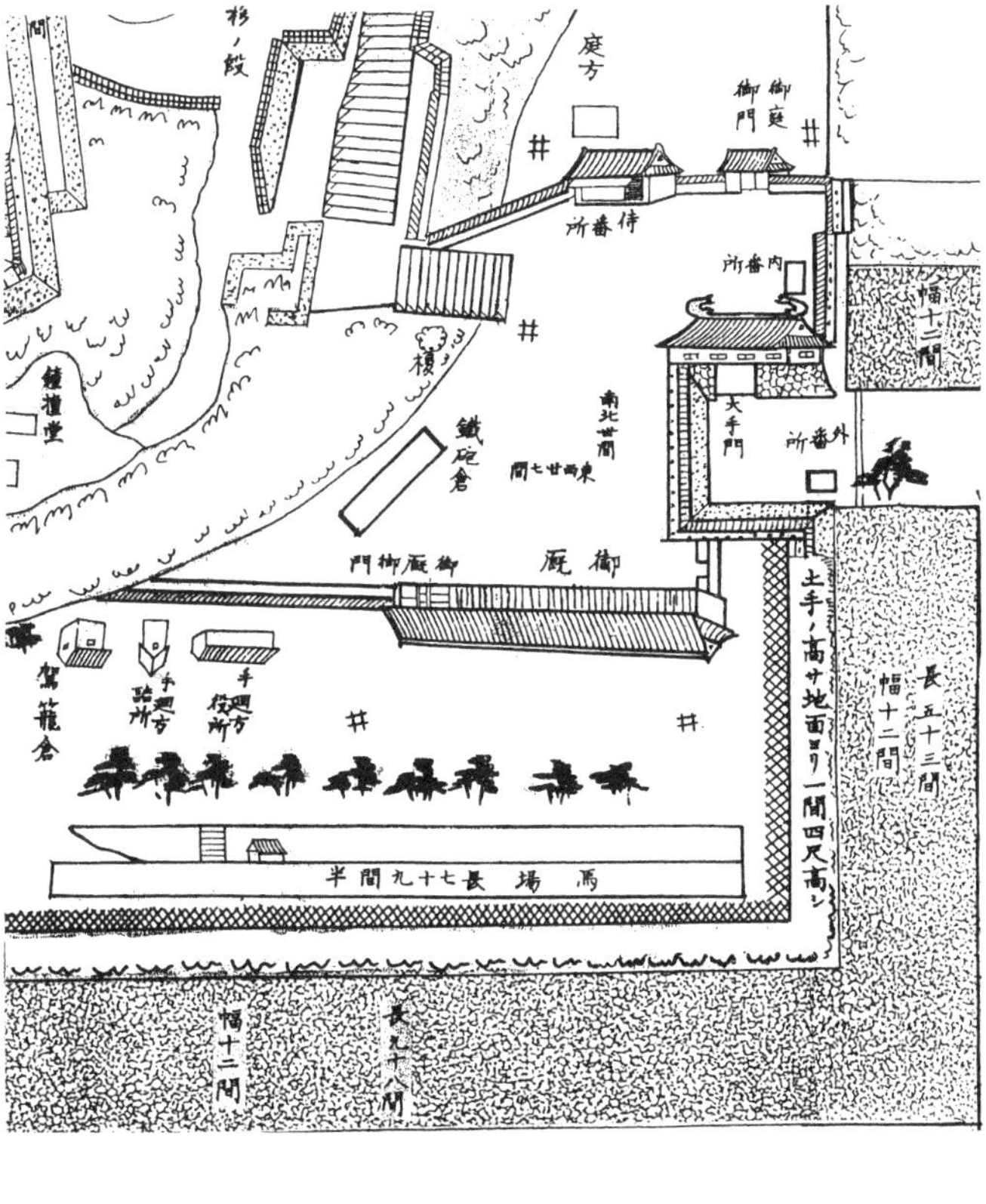

追手門周辺略図

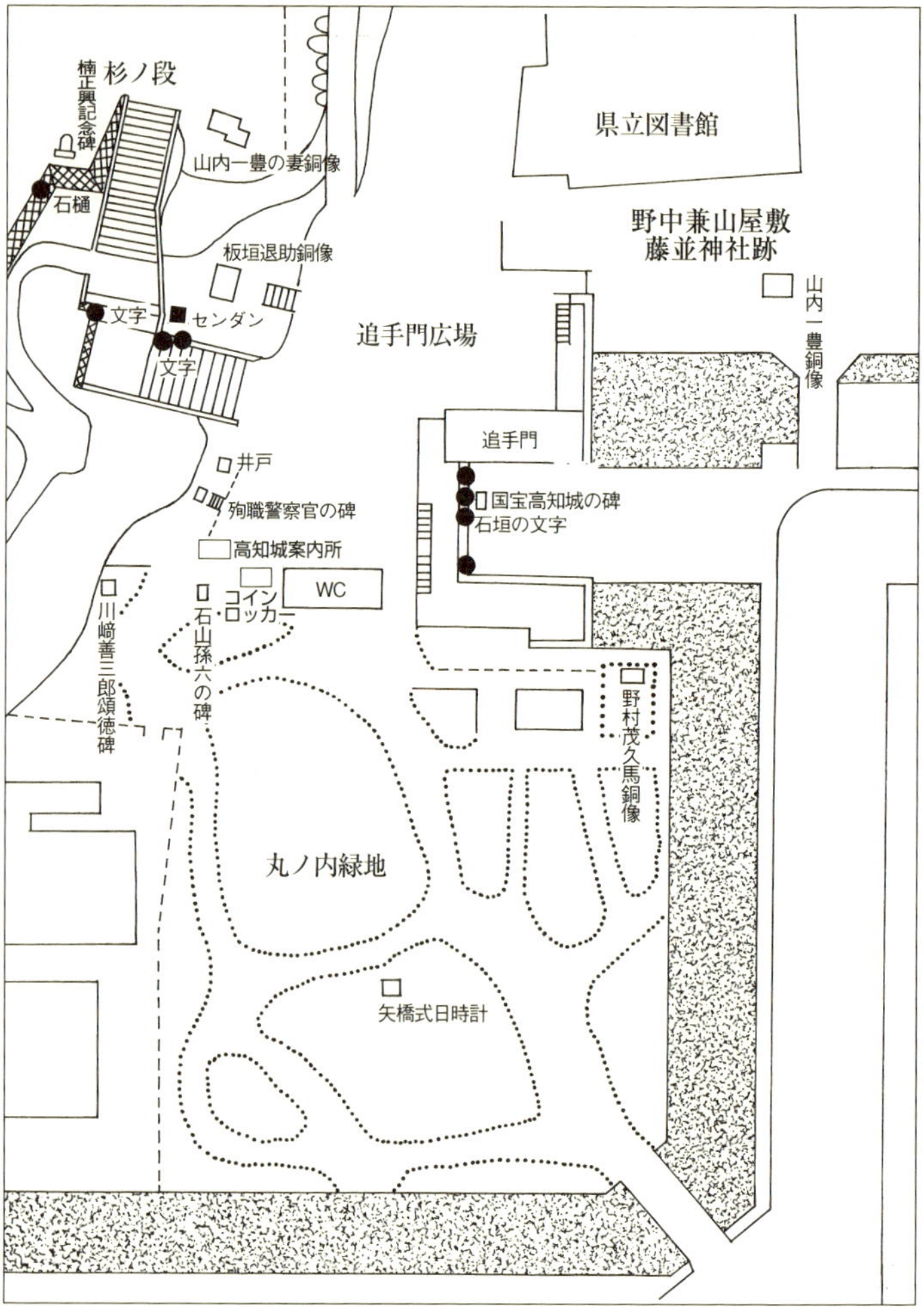
杉ノ段
楠正興記念碑
山内一豊の妻銅像
石樋
板垣退助銅像
文字
センダン
文字
追手門広場
県立図書館
野中兼山屋敷
藤並神社跡
山内一豊銅像
追手門
井戸
殉職警察官の碑
国宝高知城の碑
石垣の文字
高知城案内所
WC
コインロッカー
石山孫六の碑
川﨑善三郎頌徳碑
野村茂久馬銅像
丸ノ内緑地
矢橋式日時計

追手門の建物の概要

追手門は本瓦葺き入母屋《いりもや》造り、重層の櫓門で、東西に築かれた石垣をまたいで南面して建てられています。高知城の表門にふさわしい豪壮な姿を見せておりますが、この追手門は慶長創建ののち、六〇余年を経過して寛文三年（一六六三）崩壊し、翌四年に再建されたもので、その後享和元年（一八〇一）に大規模な修繕が行われました。

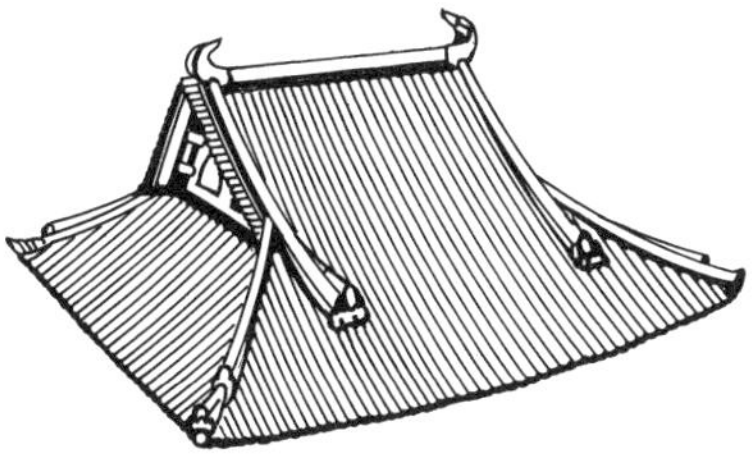

［入母屋］

第二次大戦末期の昭和二〇年（一九四五）七月四日の空襲のため屋根の大半が焼けるなどの損傷を受け、二三年から二六年にかけて解体修理を行い、さらに昭和六二年（一九八七）から六三年にかけて修復工事が行われました。

面積は、下層一三三・八四平方メートル（約四〇・五坪）、上層一七三・八七平方メートル（約五二・六坪）で、上層内部は、板壁によって通路上部と両石垣部分の三室に区切られています。

地面から棟までの高さは一二メートルで、大棟の両端には鬼瓦の

追手筋より望む追手門と天守

上に瓦製の鯱《しゃち》を置いています。四方の軒隅部分は力強く反り上がっていますが、この工法は土佐独特の〝本木投《ほんき》げ〟という工法が取り入れられています。おそらく寛文四年に再建されたときに、土佐の大工がこの工法を用いて建築したものとみられています。

壁面は下部三分の二に黒塗りの下見板が張られています。下見板は横に張るのが普通ですが、高知城の場合は、板を縦にして張った珍しい工法で、古い形式であるといわれています。天守には下見板を用いず、追手門に下見板張りが採用されているわけですが、天守の場合は享保の大火のあと再建されたときに、当時の藩主であった山内豊《とよ》敷《のぶ》が、防火と美観を兼ねて総塗籠《そうぬりごめ》の建物にしたものと考えられており、追手門のほうが創建当時の古い形式をそのまま残しているといえます。

上層部分への入り口は東北と西に設けられており、窓は南面（正面）に一〇カ所、北面（裏面）に八カ所、東面に二カ所設けられ、南面と東面の窓には、外側に突き上げ戸（棒で突き上げて支持する）を設けて、格子窓を隠してあります。また、南面の右側に一カ所、東面に二カ所の銃眼も備えております。

下層の一〇本の柱は松の赤味を使い、表面に厚さ約六センチの欅《けやき》の化粧板を張って、四隅を銅板で包んであります。中央に高さ四・二メートル、幅二・七メートルの両開きの扉をつけ、その両脇にそれぞれ高さ二・四メートル、幅一・八メートルの片開きの潜り戸を設けてあります。扉を取りつけている鏡柱は正面九一センチ、側面五三センチもある見事なものです。

扉の表面や鏡柱などには、等間隔に鉄板を張り、六葉の金具や大きな乳型の釘隠しを付けて、堅固にかつ美しく仕上げてあります。これらの金具は寛文四年（一六六四）再建のとき、刀鍛冶の藤原重次によって造られたもので、金具の裏に銘が刻まれているといわれています。

大扉を釣っている肘壺《ひじつぼ》は、高さが四八センチ、直径一五センチ、横金一・三メートルもあり、大きいことで有名ですが、この肘壺は能茶山に住んでいた不動義胸という刀鍛冶が苦心惨憺して造ったといわれる鍛造品です。しかし、義胸はその苦心に対する恩賞が少ないことに腹を立てて、他国に去ったと伝えられています。

扉の上面表側の一メートルほどの持ち出し部分には、〝石落し〟の設備があります。石落しは、前方を軸にして手前を引き上げる形が普通のようですが、この石落しの構造は、蓋の下に車をつけて手前に引き寄せて開口する形になっており、他に類を見ない方式であるといわれています。現在は厚い板を置いてあるだけですが、敷居の跡が残っています。

桁には大きな欅がそのまま使われていますが、戦後解体修理のとき、北側の一本は当時藤並神社の境内にあった楠を、所有者の山内家から五万円で譲り受けて使ったといわれています。

全国に残る城郭の中で、追手門と天守がともに残っているのは、高知城と丸亀城（香川県）と弘前城（青森県）のわずか三城しかありません。その中でも追手門と天守が一枚の写真に無理なく収まるのは高知城だけです。

追手門の鯱　追手門の大屋根を飾っている鯱は瓦で造られています。戦前からあった鯱は昭和二〇年（一九四五）七月四日の空襲で、追手門が被害を受けたときに破損したらしく、現在のものは昭和二六年二月、安芸市の瓦製造業山崎豊さんの工場で造られたものです。

当時の高知新聞によりますと、山崎さんは二度も不合格を出して失敗し、苦心を重ねて三度目でやっと合格品を造ったといわれています。高さ四尺余（約一・二二メートル）、重さ八〇貫（三〇〇キログラム）、一体二万円で全くの奉仕的製作であったと報じています。

（鯱の一般知識については、一五三頁をご覧ください）

石垣と矢狭間塀　追手門の西側から南北に連なる石垣は、南へ延びたあと東に折れ、総延長七一・二メートルの本瓦葺きの矢狭間塀が取り付けられていて、南面する追手門とともに「コ」の字の形で枡《ます》形を構成しています。さらに追手門の東側には、堀から立ち上がる形の石垣が北に延びており、延長二七・六メートル、同じく本瓦葺きの矢狭間塀が取り付けられています。

西南矢狭間塀には一三カ所、東北矢狭間塀には五カ所の銃眼があり、追手門の窓や銃眼とともに攻め寄せた敵を三方向から攻撃できるようになっています。

石垣の高さ、厚さとも約四・五メートルで、内側の東南部分と北の二カ所に石段を設けて、そこから追手門の二階に出入りできるようになっています。

城の表門にふさわしく大きな石を用いていますが、自然石に多少手を加えた程度で、その築き方はいわゆる「打込ハギ」と呼ばれる築き方です。創建当時はあまり大きな石が使われていなかったようですが、この石垣は何度か築き替えられており、そのたびに大きな石に替えられたようです。寛文四年（一六六四）に書かれた城下の富商桂井素庵の日記に「諸木（現高知市春野町）から牢ノ町（山田橋近辺）に運んできた石を追手門まで曳いて行った」という記録があります。このときには門の向きを東に変えようとしたほどで、大掛かりな石垣の修理が行われております。また、嘉永四年（一八五一）の築替《つきかえ》記録には「諸所より寸志をもって大石献納す」という記録もありますので、現在のように大石を組み込んだ形になったのは、比較的新しいと考えられます。

矢狭間塀のうち、門に近い一部分が厚く造られています。これは、中に小石などを入れて鉄砲の弾丸を防ぐための工夫で、「太鼓塀」と呼ばれています。もともとは全体がこのような構造になっていたと考えられています。

石垣の文字と刻印

高知城の石垣や水路の石には、多くの文字や刻印が認められます。永年にわたって調査をされた前田秀徳氏によると、文字や家紋らしいものを含めて三〇ないし三四にものぼるとされていますが、中には高い石垣や水路にあったりして、普通では見ることのできないものや、摩耗してほとんど確認できないものもあります。ここでは歩きながら文字捜しを楽しめるように、簡単に確認できるものを掲げておきます。

追手門石垣　次頁の図は、追手門に向かって左側の石垣の中にあるウ、エ、ケ、シの文字の所在を示したものです。片仮名で書かれた文字が何を意味するかは分かりません。いずれも大きい石に刻まれているところから献納した人、あるいは地域の頭文字ではないかとも思われます。

追手門石垣刻印

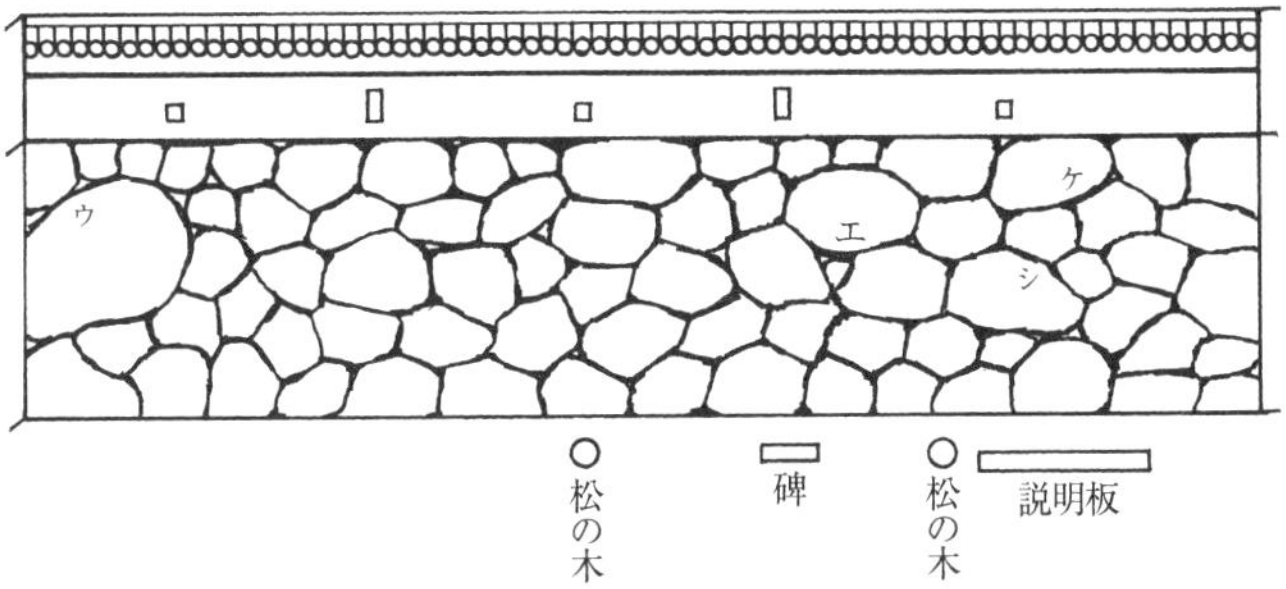

◀追手門石畳（現在は消滅）

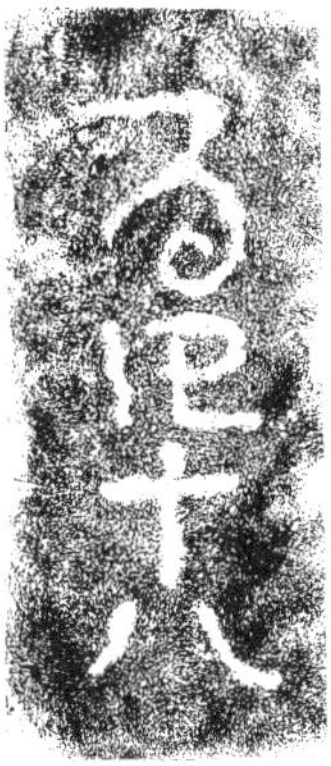

◀板垣像横水路

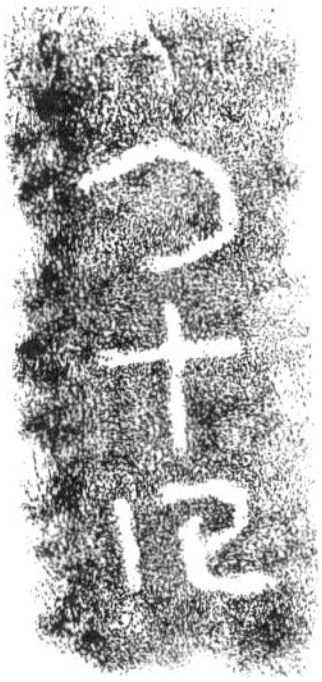

◀板垣像横水路

◀鉄門石段

鐘撞堂礎石

◀水路暗渠入り口

追手門の呼び方

城の表門は「大手門」と呼ぶのが普通ですが、高知城では、はじめ「大御門」と呼び正面の道路を「大門筋」と呼んでいました。延享四年（一七四七）になって「大御門」を「追手御門」、「大門筋」を「追手筋」と呼ぶことに改められたと記録されています。

また同時に、西大門を西ノ口と改め、西大門筋を西弘小路と改めました。追手門寄りの追手筋西部一丁が弘小路と呼ばれていたことに対応したものです。

呼び方を改めた理由は明らかでありませんが、享保一二年（一七二七）の大火で焼失した天守などの再建が、二〇年を経てようやく軌道に乗った時期であり、あるいは縁起をかついだものではないかとも思われます。

「国宝高知城」の碑

追手門正面石垣の所に「国宝高知城」と大書された碑が建てられています。この碑は、昭和九年（一九三四）に高知城が国宝の指定を受けたときの記念として、当時の高知県知事坂間棟治（昭和七年三月～一〇年一月）によって書かれたもので、右側に「昭和九年一月三十日指定文部省」左側には「高知県知事坂間棟治書」と書かれています。現在は国宝でもないのにまぎらわしい、という意見もありますが、将来国宝に復活することへの期待もこめて、これ自体も当時を物語る史跡の一つとしてとらえてはどうでしょうか。（横に重要文化財である旨の説明板があります）

昭和９年に建てられた碑（追手門）

堀と土塁

堀はその形によって別図のように分類されていますが、高知城の場合は箱堀です。かつては、江ノ口川に接する北部以外は、全部堀が巡らされていたのですが、現在残されているのは三分の一の約五百メートルぐらい。一八メートルから二二メートルあった幅も大体半分近くになっており、追手門東南付近の一部だけがわずかに昔の面影を残しています。深さは一番深い所で二・五九メートル、追手門付近でも二・二七メートルと記録されていますが、現在は大分浅くなっているようです。

ここに住んでいる魚類はコイ・ソウギョ・ライギョ・フナ・ナマズ・キンギョ・ハヤ・ボラなどですが、平成六年（一九九四）一二月、堀のしゅんせつ工事中に、追手門の東側で、堀の主かと思われるような体長一メートル四センチ、胴回り一五センチの大ウナギが見つかって、話題になりました。いまもどこかに潜っていることでしょう。

もとは西北部の江ノ口川から水を引き入れていたようですが、その部分の堀が埋められてからは、水質も悪くなっていました。現在は、県庁前の西南の隅にポンプ三台を据え付け、早朝五時から深夜一一時まで、一日約一、八〇〇トンの地下水を汲み上げ、ゆるやかに東に流れて、追手

各種堀断面

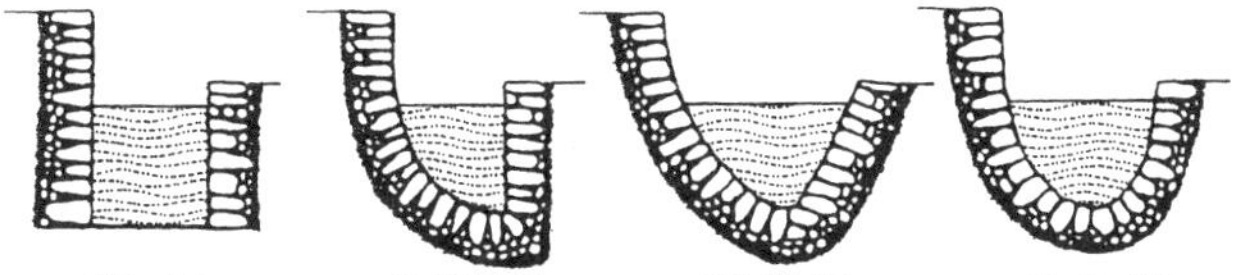

門のところで排水されるようにしていますので、比較的きれいに保たれております。

現在の高知城は堀から内側が平坦で、他の城のように堀から直接立ち上がった石垣がなく、防備面はもとより、全然いかめしさがないように思われます。

記録によると、堀の内側には一間四尺（約三メートル）の高さの土塁がめぐらされていて、現在でも県立文学館東側あたりには一部その形が残っていますが、土塁は石垣に比べると防備の面でも劣るため、城が完成してから五〇年後の万治三年（一六六〇）、三代藩主忠豊の時代に、土塁をすべて石垣にしたい旨を幕府に願い出ましたが許可が下りず、そのままになったと記録されています。

「万治三年十月　御城廻り土手を皆石垣に仰せ付けられたき趣御願い候えども、在来りの御修復のほかは公許之無く」（『高知公園史』）

山内一豊の銅像

土佐藩の初代藩主山内一豊の銅像は、平成八年（一九九六）九月二〇日、一豊の祥月命日をトして再建除幕されたものです。本体はブロンズ鋳造青銅色仕上げ、高さ四・三二メートル、重さ三・六トン、台座五・〇八メートル、総高九・四メートルで、騎馬像としては、皇居前の楠木正成像を上回る、国内最大クラスであるといわれております。

旧藤並神社境内に立つ二代目・山内一豊銅像

この銅像は二代目で、初代の銅像は大正二年（一九一三）一一月一二日、高知市開市三〇〇年を記念して建立除幕されました。槍を小脇に馬上姿の凛々しい銅像は、宿毛市出身の彫刻家本山白雲（一八七一〜一九五二）の傑作といわれていましたが、戦時中金属回収のため供出されることになり、昭和一九年（一九四四）一月二九日出陣式が行われ、撤去されました。〔なお、この馬は、馬の像では第一人者とされた香川県出身の池田勇八（一八八六〜一九六三）の制作です〕

戦後は長らく銅像不在のままでしたが、有志の間で再建の話が持ち上がり、「山内一豊公銅像再建期成会」が、一億二千万円を目標に広く県民の浄財を募って、土佐山内家宝物資料館に残されていた原形のブロンズ像や写真をもとに、最新技術を駆使して再現されたもので、台座の銘板も拓本から当時のままに再現され、騎馬の脚部はステンレスで補強されています。

最初の銅像建立の経緯については再建された銅像の後ろにある記念碑に、次の通り記されています。（句読点・濁点・ルビ筆者）

藩祖銅像建設之記

藩祖山内一豊公封ヲ土佐ニ受ケテヨリ以来、衰乱ノ後ヲ承ケテ藩政ノ基礎ヲ定ム。累世ノ明君公ノ遺志ヲ継ギ、連綿三百有餘年、遂ニ今日本縣アルヲ致セシハ公ノ遺澤ニシテ、一縣ノ人永ク諼《わす》ルベカラザル事ナリトス。片岡健吉　石田英吉其他ノ有志者曩《さき》ニ公ノ銅像建設ノ事ヲ首唱セシモ、内外多事ノ際中止スルノ已ムナキニ至レリ。明治四十一年、我々同志者ハ先輩ノ志ヲ継ギ相謀リタルニ、闔縣翕然《こうけんきゅうぜん》トシテ之ニ應ジタルヲ以テ、五藤氏邸内ニ事務所ヲ設ケタリ。在京ノ板垣 土方 田中ノ諸伯、阪井 内田ノ両男等ヲ始メ、多數ノ舊臣大ニ之ヲ賛成シ、縣ノ内外ヲ問ハズ士民相競フテ之ヲ助ケ、義捐ノ財積ンデ三万餘圓ニ至レリ。乃チ本山白雲ヲシテ鑄像ノ技ニ、土居鶴雄ヲシテ台座ノ工事ニ當ラシメタリ。

一豊公十七代ノ遠裔《えんえい》山内豊景《とよかげ》公ハ深ク此擧ヲ悦ビ、大正二年十一月、除幕式擧行ノ為メ令夫人ト共ニ来縣セラル。千百ノ官民歡呼シテ之ヲ孕西《はらみ》ノ埠頭ニ迎ヘタリ。同月十二日、侯爵ハ令夫人ト共ニ臨場シ、除幕ノ式ヲ擧グ。數万ノ參列者齊《ひとし》ク拍手シテ敬意ヲ表シタリ。當日侯爵ハ數千金ヲ同志者ニ贈與シテ、謝意ヲ表セラル。同志者ハ深ク侯ノ盛意ヲ體シ、公園ニ義捐者ヲ招待シテ、盛大ナル饗宴ヲ張リ、且記念ノ物件ヲ配布セリ。此日遠近ノ士女公園ニ集マル者二十万人ニ及べリ。實ニ我郷未曾有ノ盛事ナリキ。爰《ここ》ニ銅像建設ノ始末ヲ記シ、以テ後世ニ傳フト云。

背面

大正三年三月一日

藩祖銅像建設團體

發起人總代

東京　男爵　阪井　重季

同　男爵　内田　正敏

高知　理事長　五藤　正形
同　副理事長　酒井　佐緝
副理事長　孕石　元愷
専務理事　近藤　新
寺田　利正
秋月伊豆意
安藝喜代香
北川　□□
美濃部茂敏
弘田　永清
松村丑太郎書
土居鶴雄　刻

山内《やまうち》一豊《かつとよ》　初代土佐藩主。天文一四年（一五四五）生まれ。幼名は辰之助、元服して通称を伊右衛門とし、一豊と名乗りました。生誕地については二説あり、愛知県葉栗郡木曽川町の山内家菩提寺・法蓮寺の入り口と、同県岩倉市・生田神社の境内に記念碑があります。

父盛豊は、岩倉城主織田伊勢守信安に家老として仕え、黒田城を預かっていました。一豊一三歳の弘治三年（一五五七）黒田城は信安の一族織田信長の軍勢に襲撃され、このとき父と兄の十郎は戦死（異説もあります）、一豊ら母子五人は美濃や尾張を流浪したと伝えられていますが、この年以後二九歳の天正元年（一五七三）までの間の動静は明らかでありません。

天正元年、豊臣秀吉に従って信長の朝倉・浅井攻めに出陣、朝倉方の猛将三段崎《みたさき》勘右衛門を討ち取る武功をあげました。この戦功によって秀吉から近江唐国（現滋賀県虎姫町）で四〇〇石を受け、はじめて領地を有する武将となりました。夫人見性院とはこの頃結婚したとみられています。以後秀吉の麾下《きか》として各地の戦いに出陣、次第に領地も増え、天正一三年（一五八五）には近江長浜（現滋賀県長浜市）二万石の城主となり、同一八年、小田原攻めののち遠州掛川（現静岡県掛川市）五万石を領しました。領地はその後加増があり、関ヶ原合戦前には約六万石となっていました。

慶長五年（一六〇〇）関ヶ原の戦いでは東軍に味方し、戦後の論功行賞で土佐一国・通称二四万石（のちの幕府からの朱印高は二〇万二六〇〇石余）を与えられました。翌六年一月二日、大阪から甲浦に上陸、陸路を進軍して八日浦戸へ入城しました。同年九月からは大高坂山に築城を始めるとともに、現在の江ノ口川と鏡川に堤防を築き、低湿地に堀を造るなどして治水工事を進め、居住地の町割りを定めて住民の移住を促すなど、城下町の経営を進めました。今日の高知市街地の基盤整備は、四〇〇年前山内一豊によって始められたものです。

一方、安芸・本山・佐川・窪川・中村・宿毛に身内や譜代の重臣を配置して、以後二七〇年にわたる土佐藩の基礎を固めましたが、高知城の全体の完成を見ないまま、土佐入国から四年後の慶長一〇年（一六〇五）九月二〇日、六一歳で病死しました。墓は高知市筆山町の山内家墓所にあります。

天正一三年の長浜大地震で一粒種の与祢姫を失い、後継に恵まれませんでしたので、弟康豊の長子・忠義を養子として二代藩主としました。

野中兼山邸跡

野中兼山の屋敷は、堀の内側、県立図書館・県立文学館を含む広大な一角で、坪数二、二八〇坪（約七、五三七平方メートル）と記されています。野中家断絶後は、一時期、二代藩主忠義の継室青巖院が二ノ丸から下ってここに住み、文化三年（一八〇六）一一月にはこの地に藩祖山内一豊・夫人若宮氏・二代藩主忠義をまつる藤並神社が勧請《かんじょう》されました。天保七年（一八三六）九月には、春日神社が比島から遷座し、大正一三年（一九二四）には熊野神社が城内から遷座していました。

藤並神社の祭礼は、藩主直祭として国を挙げての祭礼が行われ、毎年九月一〇日から二七日までは、北ノ口門を通って一般庶民も参拝を許されていました。

明治四年（一八七一）には、追手門からの出入りが許可され、同六年には橋が架けられて、追手筋からの参道ができました。

大正二年（一九一三）一一月一二日には、橋を渡った内側に山内一豊の銅像が建立されましたが、昭和一九年（一九四四）一月、金属回収のため供出されました。現在の銅像は、平成八年（一九九六）九月二〇日に再建除幕されたものです。

藤並神社は、昭和五二年（一九七七）山内神社に合祀され、春日神社・熊野神社は平成二年（一九九〇）、山内神社境内に遷座しました。現在は神社跡地に、県立図書館と県立文学館が建っています。

野中兼山　野中兼山は通称伝右衛門、元和元年（一六一五）生まれ。山内一豊の妹合姫の孫にあたります。兼山は父野中良明の浪人中に姫路で生まれ、のち土佐に帰って野中家の本家、土佐藩家老野中玄蕃（五、九八〇石取り）の養子となり、一二歳で家督を相続、奉行職を継ぎました。以後寛文三年（一六六三）奉行職を追われるまで約三〇年間、藩政の中枢にあって、土佐藩初期における藩政の基盤確立に偉大な足跡を残しました。

しかし、財政確立のための専売制や、諸工事のための労働力の動員などは民衆のうらみを買い、後ろ楯の二代藩主忠義隠居後、専制に対して不満を持つ譜代の重臣たちによって職を追われ、自分の所領である香美郡中野村（現香美市土佐山田町中野）に引退しましたが、三カ月ののちに急死しました。反対派は兼山一人の失脚で満足せず、野中家の所領を没収、兼山の妻子全員を幡多郡宿毛村（現宿毛市）に幽閉、男女とも結婚を許さず、四〇年後の元禄一六年（一七〇三）、最後の男子が死亡してのちようやく許され、野中婉女が高知に帰り、朝倉に住みました。

兼山没後の一家の運命はあまりにも悲惨ですが、米沢藩主上杉鷹山・岡山藩の熊沢蕃山とならび〝三山〟の一人と称される野中兼山の業績は多岐にわたり、今日でも彼が遺した土木工事は県内各地に見られ、海上交通に、農業用水にと利用されて、大きな恩恵を与えております。

「やまうち」か「やまのうち」か

土佐山内氏についてよく「やまのうち」と呼ばれることがあります。現山内家一八代当主の山内豊秋さんによりますと、小学生の頃先生に聞かれたときも「うちはやまうちです」と答えたそうですし、徳川初期に幕府から聞かれて「やまうちです」と答えているということです。『寛政重修諸家譜』という名家の系譜書にも「やまうち」とルビがふられており、土佐山内家は少なくとも四百年来「やまうち」で通してきたといっておられます。

（この項山内豊秋著『掛川から土佐へ』より）

追手門広場

かつては追手門を入ると右手に内番所があり、突き当たりの案内板のあたりから左に、山際まで塀と建物が続いていました。正面は御庭御門で、その左に侍番所が置かれ、内側に庭方の詰所がありました。創建当時は、御庭御門から内側一帯が家老職野中家の屋敷になっていて、寛文四年（一六六四）野中家が断絶後は、二代藩主山内忠義の未亡人の青巌院がここに住んでいました。旧野中家の門が〝御庭御門〟という呼び名になっているところから、延宝八年（一六八〇）青巌院没後、文化三年（一八〇六）に藤並神社が勧請されるまでは、庭園になっていたものと思われます。

板垣退助銅像前から右手に上る車道は、明治四〇年（一九〇七）一一月、皇太子（のちの大正天皇）の高知ご訪問のときに造られたといわれ、かつてこのあたりの山裾には、一面に寒竹が植えられていたと伝えられております。

城に上る広い石段の左側に残っている井戸は、杉ノ段の井戸とともに、城内に残る二カ所の井戸の一つです。藩政初期、城内には十四の井戸があったと記録されていますが、この井戸はその数に入っておらず、後にはもっと多くなっていたことでしょう。

高知城が公園となったのち、井戸や水路の石材は市街地の橋の用材に使用するため壊されてしまったようですが、この井戸だけは見事な切り石で造られた井桁《いげた》部分とともに、井戸を覆っていた屋根柱の礎石も残っています。

広場の南側は、現在の便所より少し南に、東から西に長く御厩《うまや》があり、中ほどには御厩御門があって南の広場と区分していました。井戸のあたりから南の部分には、幕末の元治元年（一八六四）に、五二坪（約一七二平方メートル）の鉄砲倉が建てられました。別名を長崎倉とも呼んで、長崎から買い入れた銃器を保管していた、とされていますので、慶応三年（一八六七）九月に坂本龍馬が運んできたライフル銃千丁も、あるいは一時ここに保管されていたのかもしれません。

追手門広場の高知県殉職警察官の碑

殉職警察官の碑

この碑は、昭和二年（一九二七）警察協会高知支部によって建立されたもので、碑面の文字「高知県殉職警察官之碑」は、二七代高知県知事加勢清雄（昭和二年五月～三年五月）の書です。裏面などには何も刻まれていません。

碑の文字をよく見ますと、殉職の職の字の扁が「耳」でなく「身」になっています。これも誤りではなく職の字の俗字です。殉職が身を捧げるということで書かれたものではないでしょうか。

板垣退助の銅像

板垣退助の銅像は、昭和三一年（一九五六）五月一一日に除幕されたもので、制作者は香美郡夜須町出身の彫刻家浜口青果（一八九五〜一九七九）、題字は元総理大臣吉田茂（一八七八〜一九六七）の書です。像の高さは二・二〇メートル、台座四・二〇五メートル、総高六・四〇五メートルとなっています。

銅像再建を記念して、板垣の名言〝板垣死すとも自由は死せず〟の文字を刻んだ碑が建てられています。書は実業家野村茂久馬です。

この銅像は二代目で、一代目は大正一二年（一九二三）一二月五日の除幕、制作は坂本龍馬の銅像も作った宿毛市出身の本山白雲（一八七一〜一九五二）、題字は西園寺公望（一八四九〜一九四〇）でした。像の高さ二・四八メートル、台座四・〇九メートル、総高六・五七メートルであったと記録されています。

銅像本体は、戦時中金属回収のため供出されることになり、昭和一八年（一九四三）九月二日に壮行式が行われ、撤去されました。銅像の傍《かたわら》に銅像完工の記念碑が建てられ、現在も残っています。（句読点・ルビ筆者）

二代目・板垣退助銅像（追手門広場）

銅像題字　西園寺公望公揮毫

維新ノ元勲自由ノ泰斗、憲政ノ唱主社会改良ノ先覺、板垣先生ノ偉績ハ史上ニ赫灼《かくしゃく》タリ。大正九年、本會先生ノ銅像建設并誕生地歸朝歓迎地及ビ舊邸址ニ建碑ヲ企ツルヤ、全縣市町村喜テ資ヲ寄セ、兒童又加ハルニ至ル、且東京角力協會ノ援助アリ、金額參萬參千圓ニ上リ、各其ノ工ヲ竣《おわ》ル。本像ハ大正十二年十二月五日盛大ナル除幕式ヲ了セリ。

大正十三年五月　　建設同志會建之

川谷廣次書

板垣退助　板垣退助は、天保八年（一八三七）四月一七日、土佐藩士三百石の家に生まれ、旧姓は乾と称していましたが、戊辰戦争で東山道征討総督府参謀として甲府に入ったとき、自分の先祖は、武田信玄の重臣・板垣駿河守信形であるとして、乾から板垣に姓を改めました。

戊辰戦争の功績によって、土佐藩の家老格に出世し、明治新政府では参議となりましたが、西郷隆盛らと征韓論を主張して敗れ、明治七年（一八七四）土佐に帰って、同志と共に立志社を創立、自由民権運動を展開しました。

〃自由は土佐の山間より出づ〃といわれ、立志社を中心とした自由民権運動は燎原《りょうげん》の火のごとく全国にその活動を拡大していきました。

板垣退助銅像の右後にある再建記念碑

明治一五年四月六日、自由党総理として岐阜の中教院で演説直後、暴漢相原尚褧《なおぶみ》に刺されたとき、血まみれの中で口にした〃板垣死すとも自由は死せず〃の言葉は有名です。

明治二九年には、伊藤博文内閣の内務大臣となり、松方正義内閣、大隈重信内閣でも内務大臣を務めましたが、明治三三年政界を引退し、その後は社会改良運動に晩年を捧げ、大正八年（一九一九）八三歳で死去しました。

板垣退助の銅像は高知公園のほか次の所にあります。

国会議事堂

憲政五〇周年を記念して、昭和一三年（一九三八）一一月一〇日に除幕。制作は北村西望。

日光

東照宮の神橋に近い金谷ホテル前に、昭和四年一二月八日に建てられた一代目は本山白雲作。現在の二代目は昭和四二年四月一二日に除幕、制作は新関国臣。戊辰戦争のとき、東照宮を戦火から守ったことを感謝して建立。

青梅市

青梅市釜の淵公園にある板垣像は、土地の名士岩浪光二郎が、板垣を尊敬していたことから、昭和三六年五月三日に除幕。制作は松野伍秀。

岐阜公園

岐阜城のある金華山のふもと岐阜公園内に、大正七年（一九一八）四月二一日建立の一代目は、塙《はなわ》正吉の制作。現在の二代目は、昭和二五年五月三日に除幕。制作は日展無鑑査の彫刻家柴田佳石。明治十五年に遭難した中教院跡を確認し、その場所に台座を移転して再建されたようですが、その後再び移転し、現在は最初に建立された場所に戻っています。

憲政記念館（胸像）

東京の憲政記念館にある板垣の胸像は本山白雲作で、宿毛の林家から寄贈されたもの。

【このほかに、東京の芝公園内に大正一二年に造られた銅像がありましたが、これも戦時中に供出されました】

巨木ガイド① センダン

板垣退助銅像に向かって左後ろにあるセンダンは周囲五・四メートル、樹高二五メートル、樹齢は二五〇年と推定されています。（平成四年刊『高知市の文化財』）

江戸時代中期からここにあって、石段を上り下りする侍の姿を眺めてきた古木で、毎年五月には淡い藤色の花を一杯につけます。センダンはセンダン科の落葉喬木で、古名を棟《おうち》（樗）と呼びます。棟というのは公家《くげ》装束の中の袍《ほう》（上着）の下に着る襲《かさね》の色目で、表が藤色、裏が青のものの呼び名です。この花が夏に咲き、藤色であることから、棟になぞらえたものといわれています。〝梅檀は双葉より芳し〟といわれて香木とされるセンダンは、ビャクダン科のビャクダンのことで、ビャクダンの中国名の一つが梅檀です。ただしビャクダンの双葉には香気がないといわれています。

石段と石樋

追手門広場から杉ノ段への石段は、城の正面通路として横幅も広く取り、ゆったりとした石段となっています。ただし、歩いてみると歩幅が合わなくて、大変歩きにくいのですが、これは攻めてきた敵には上りにくく、上から走り下りるには都合のよいように造られたものであるといわれています。

石段の途中、踊り場の前方にある石垣の背後の部分は、「武者だまり」になっていたと考えられています。ここに隠れている城兵が一気に突出して、敵を側面や背後から攻撃するという作戦のために造られたものです。

石段の途中で左手に、飛び込み台のような石樋《いしどい》が見えます。高知県は全国でも一二を争う多雨地帯ですので、この城の縄張りでも、特に排水には注意が払われています。それは、地盤が巻貝を伏せたように螺旋状になっていることから、城内に降った雨が三方に分かれて、廻りながら速やかに排水されるように設計されているといわれています。石樋は各廓からの排水が直接石垣に当たらないように、石垣の上部から突き出して造られており、その下には水受けの敷石をして地面を保護しています。

杉ノ段への石段左石垣にある石樋

石樋は本丸や三ノ丸などを含め現在一六カ所が確認されていますが、下になるほど排水量が多くなるため、杉ノ段から落ちるこの石樋が一番大きく造られています。現在は両側の枠が外れており、これに通じる暗渠も埋まっていますが、かつては大雨のときに滝のような水を出して、壮観であったと思われます。

なお、鉄門跡の手前左側には、石樋とそれを受ける水槽がほぼ完全な形で残っています。

丸ノ内緑地

高知城築城以来、江戸時代の模様替え、明治維新後の公共施設の設置、戦災とその後の復興などで、丸ノ内緑地は幾多の変遷を経てきております。

藩政時代、東と南を囲む堀の内側には高さ約三メートルの土塁が巡らされ、その上に垣が設けられていました。築城当時、内部は家老格福岡丹波の屋敷となっていました。その後、東西を区切るように瓦葺きの厩《うまや》が建てられて、一五、六頭の良馬が飼育されており、南の部分は馬場や、藩主の側近くを警護する手廻方役所、駕籠倉などになっていました。安政元年（一八五四）一一月五日の大地震のとき、高知城がどの程度の被害を受けたかはよく分かりませんが、翌二年二月土佐に帰った山内容堂は、厩門の南に建てられた仮御殿に入っておりますので二ノ丸御殿などには被害があったと考えられます。幕末も押し迫った慶応三年（一八六七）には、ここの馬場で軍事教練が盛んに行われました。

維新後、この地域の建造物は取り壊され、土手は崩されて、明治一一年（一八七八）には、この年開校した女子師範学校の校舎が新築されましたが、同一七年には帯屋町にあった警察本署と入れ代わっております。

同三五年に、厩のあったあたりに建てられた大日本武徳会高知支部の武徳館は、二年後の三七年火災に遭い、三九年四月に再建されました。

四五年には高知県公会堂が建てられて、物産陳列場と県議会議事堂に使われました。この公会堂の傍らには大正五年（一九一六）五月、初代高知県議会議長・第五代衆議院議長片岡健吉（一八四三〜一九〇三）の銅像が建立されました。この銅像も戦時中に金属回収のため供出されて、昭和三八年（一九六三）三月一八日、新しい県議会議事堂前に再建されています。現在、野村茂久馬の銅像のあるあたりには農業会館も建てられていましたが、この広場の建物は昭和二〇年（一九四五）七月四日の戦災を受けてすべて取り壊されました。

戦後の復興もようやく進み、昭和二五年三月から五月にかけてこの広場を中心に「南国高知産業大博覧会」が開催されました。その建物の一つを残して翌二六年一月、高知市中央公民館が開館されて、市民の文化活動の中心施設となっていましたが、五一年に公民館移転後、五八年にかけて整備され、現在は〝丸ノ内緑地〟として市民の憩いの場となっています。

緑地内には遊歩道が巡らされ、矢橋式日時計、野村茂久馬銅像、剣道範士石山先生之碑、剣道範士川﨑善三郎先生頌徳碑などがあります。

矢橋式日時計

丸ノ内緑地にある日時計は、岐阜天文台の矢橋徳太郎さんが考案した「矢橋式日時計」と呼ばれるもので、昭和五三年（一九七八）に「第一回全日本レオフォーラム記念」として設置されたと書いてあります。（「レオ」というのは青少年の社会奉仕団体で、ライオンズクラブが運営に協力しております）

日本の標準時は、兵庫県の明石市を通る東経一三五度の線を基準として、ここで太陽が真南に来たときを「正午」とする、と定められていますので、東経一三三・五度にある高知市の場合は、常に約六分おくれることになります。そのための補正を「経度差補正」と呼んでいます。

日時計ではもう一つ「均時差補正」と呼ばれる補正が必要です。我々の時計は、太陽がいつも同じ速さで動いていくものと仮定して、「平均太陽時」という方法で時刻を定めているのですが、実際の太陽は時期によって動いていく速さが一定でないため、平均太陽時との間では最大一六分の差が出るといわれています。これを補正するのが「均時差補正」というものです。

矢橋式日時計は、東経一三五度の場所にあるのと同じになるように据え付けられておりますので、経度差補正は必要なく、「均時差補正」は、修正表と半円型の目盛板の併用によって、誤差の

均時差補正は解説を参考に（丸ノ内緑地）

少ない時刻を知ることができるように考案されています。

天気のよい日に通りかかりましたら、側面に書かれている解説を参考にして時刻を確かめてみてください。

川崎善三郎頌徳碑

この碑は、無外流の剣術を修めて、警視庁の三羽烏の一人と称され、明治天皇と大正天皇の天覧試合には選手として出場。昭和天皇の天覧試合には審判の大役を務め、武徳会高知支部・高知師範学校・高知工業学校・高知第一中学校・高知工業学校などで後進を指導した川崎善三郎（一八六〇〜一九四四）の頌徳碑です。建立者は高知県剣道連盟と全日本剣道連盟の有志となっています。

昭和33年に建立の川崎善三郎の頌徳碑
（丸ノ内緑地）

　このあたりには、もと大日本武徳会高知支部の演武場である武徳館がありましたが、戦後は、昭和五四年（一九七九）に城西公園に県立武道館ができるまで、武徳館の二代目にあたる、通称「致道館」が建てられて、剣道・柔道・弓道の練磨が行われていました。その関係でこの場所に建立されたものです。県立武道館ができたときに、関係者から移転の話が出ましたが、取り止めとなって現在に至っております。

表面

剣道範士　川﨑善三郎先生頌徳碑

背面（句読点筆者）

先生は万延元年四月高知市北新町に生る。七歳にして剣を厳父専輔に学び、その技大いにあがる。後上京し春風館山岡鉄舟の門人となり、刻苦精励三ヶ年その奥義をきわめ、日本三傑三郎と歐《（ママ）》われ、無外流都治月旦資茂の九代をつぐ。

東京警視庁・甲府警察剣道師範を経て、明治三十九年土佐に帰る。尓来県武徳会支部・高知師範・高知第一中学・工業学校等に奉職し、子弟の教育に尽力されること実に四十年、その教を受けたるもの数千におよび、剣道の普及発達に寄与せし功績は実に偉大なりと云うべし。大正十一年剣道範士の称号を授与され、昭和四年天覧御前試合の審判の栄を賜る。先生は温容にして闊達、書をよくし、齢八十を過ぐるもなお壮者を凌ぐ剣勢ありしが、昭和十九年五月病を得て、八十五歳の生涯を終る。土佐の生みし一代の剣聖逝きて十有四年、ここに有志あいはかり先生の剣徳を偲び、この碑を作る。

昭和三十三年五月一日

高知県剣道連盟有志　全日本剣道連盟有志

石山孫六の碑

この碑は、土佐藩に仕えた剣道師範石山孫六（一八二八～一九〇四）の記念碑です。建立者として、大日本武徳会高知支部・高知県警察官有志、その他谷干城以下一七人の名が右側面に刻まれています。碑文の撰ならびに書は、海南学校・高知中学校などで書道と漢文の教師を勤めた西森真太郎（一八四七～一九一八）です。

明治四四年（一九一一）の建立当時は、この場所に大日本武徳会高知支部の演武場である武徳館がありました。碑の場所は、当時の正門を入って右側の位置にあたるようです。

武徳館は戦災を受けて取り壊され、その後この付近に新たに建物を建てて、旧藩校の名にちなんで「致道館」と名付けて、剣道・柔道・弓道の練磨を行ってきましたが、昭和五四年（一九七九）一一月一日、城西公園に県立武道館ができて移転しました。このとき、関係者からこの碑を移設する話も出たようですが、そのまま置かれることになって、現在に至っています。

碑の文字

劔道範士石山先生之碑

石山孫六記念碑（丸ノ内緑地）

背面碑文

吾州之剣技其来也尚矣自前藩
主山内靖徳公用月旦之孫都治
文五郎翁士皆奮武而流派門戸
亦紛紛起矣至於吾容堂公命會
一堂去華就實講其道於是石山
先生實為其師範焉先生爲人謙
譲有禮門人日進名聲月盛初先
生業既成不自足周游四方講其
技而来吾土佐者前後三次人皆

仰焉後遂委贄為臣維新之際藩廢士脱雙刀撃剣寥寥不振而先生亦老矣抑我国以武肇基忠勇為俗而武
技與士道相為消長者従古為然識者有慨乎是明治二十年奉小松宮令旨起武徳館于西京我県卜高知公
園置支部請先生復起之爾来革竹戞戞龍鬥獅攫使観者感奮興起先生没後其徒皆謂吾州斯道荷乎先生
者不一而足勒文貞珉傳諸永遠則何如遂推美濃部某来求予文固辞不得予以為我国固有之武技亦足以
興起士道而養干城何謂一人之敵而其盛于先生者乃與淵源之所由義不可没也先生姓石山名孫六本江
戸人学劔于千葉某之門嘉永四年藩士美濃部團四郎薦之於我藩遂来仕焉某年令旨以先生拝大日本武
徳会範士年七十屡效技于演武大会云可謂老而益壮者矣明治三十七年七月十日以病終享年七十有七
葬于小高坂丹中山娶寺村氏無男以縣人門弟細木熊彦為後傳其道云銘曰

恭譲有禮　匪争匪忿　陰陽開闔　若見若隠
電光一撃　百骸韲粉　技乎神矣　道無余藴

明治四十四年九月　　西森真太郎撰并書

側面

発起人　大日本武徳会高知支部
高知県警察官有志
子爵　谷　干城　佐井喜一郎　藤　利兵　東川　明愛　都賀田茂穂　本久　清光
五藤　正形　近森覺之助　島村　駒吉　川﨑善三郎　細木　茂政　岡村　健夫

美濃部茂敏　柴　與市　児玉　利節　山崎　好昭　深瀬　真澄

碑文の概略　土佐の剣術の歴史は古い。かつて九代藩主豊雍《とよちか》公は都治《つじ》月旦の孫にあたる都治文五郎を迎えた。藩士の間で剣術はますます盛んとなり、各流派の道場ができた。一五代藩主山内容堂は、流派にこだわらず剣道の振興を命じ、石山孫六先生を師範として迎えた。先生の人となりを慕って多くの家臣が彼の門に入った。先生はすでに一流に達していたが、なお各地に周遊してその技を磨いた。土佐に来たのは前後三回、人皆師と仰ぎ、後遂に禄を受けて家臣となった。明治維新後、剣術は振るわず、識者はこれを慨いていた。明治二〇年（一八八七）小松宮彰仁親王の令旨《りょうじ》（命令文）を受けて、京都に武徳館ができた。高知県も高知公園に武徳会高知支部を置き、先生に復帰をお願いした。これより竹刀の打ち合う音がよみがえり、観覧者を奮い立たせることになった。

先生没後、土佐の剣道界の第一人者であった先生の功績を記念して、碑を建てて、これを永遠に伝えるため、代表美濃部某が来訪して予に碑文を求めた。固辞したが、今日の隆盛は先生によるところであることを忘れてはならないと思い、引き受けた。

先生姓は石山、名孫六。もと江戸の人で、剣を千葉某の門に学んだ。嘉永四年（一八五一）藩士美濃部団四郎の推薦で土佐藩に仕えた。某年令旨を受けて、大日本武徳会範士となった。すでに七〇歳になっていたが、しばしば演武大会に出て技を磨き、老いて益々壮者を凌ぐものがあった。明治三七年（一九〇四）七月一〇日病没。享年七七歳。小高坂丹中山《たんちやま》に葬る。妻寺村氏、男子がなかったため、門弟の細木熊彦が跡を継いだ。

銘文

慎み深く礼儀正しく、争わず忿《いか》らず。陰に陽に開き闔《と》ず。見ゆる若《ごと》く隠るる若《ごと》く。電光一撃、全ての骨を砕く。技や神かな。道余すところ無し。

野村茂久馬銅像

実業家野村茂久馬（一八六九～一九六〇）の銅像は、昭和二十六年（一九五一）一二月八日に除幕されたもので、制作者は香美郡夜須町出身の彫刻家浜口青果（一八九五～一九七九）、題字は当時の内閣総理大臣吉田茂（一八七八～一九六七）です。像の高さは二・一五メートル、台座一・五九メートル、総高三・七四メートルとなっています。

除幕式には当時八三歳の野村茂久馬本人も出席、銅像建設記念東京大相撲高知場所のため来高中の羽黒山・照国・東富士・千代ノ山の四横綱も出席したと伝えています。

台座の背面に次のような銘文を刻んだ銅版がはめ込まれています。

銅像台座文字（句読点筆者）

野村茂久馬翁ハ明治二年十二月廿八日ヲ以テ高知県安芸郡奈半利村ニ生ル。孝（註・亡父）名ハ健吉、妣（註・亡母）ハ貞北川氏、翁ハ其ノ長子ナリ。若冠笈ヲ負ヒテ東京専門學校ニ学フ、後高知市ニ出テ遂ニ志ヲ実業ニ立ツ。一旦野村組ヲ経営スルヤ、刻苦淬徐ヨク県下海陸交通ノ権ヲ掌中ニ収ム。而シテ闔県各般ノ事業凡ソ翁ノ関与セサルモノ殆稀ナリ。晩年選ハレテ高知商工会議所会頭トナリ、又貴族

除幕式には83歳の野村茂久馬自身も出席した
（丸ノ内緑地）

院議員タルコト二回、功ヲ以テ勲三等ニ敍シ瑞宝章ヲ賜フ。翁人ト爲リ雄略果断、精力絶倫ニシテ俠骨稜々己ヲ顧ミス、洵ニ不世出ノ英傑、一代ノ師表トシテ咸斎シク推頌措カサル所ナリ。嗚呼偉ナル哉、吾儕同人幸ニ翁ノ知遇ヲ受ケテ今日ニ遭フ、因テ茲ニ胥謀リテ壽像ヲ建設シ、聊カ彰徳感恩ノ微忱ヲ表ストイフ。

昭和二十六年仲秋

杉ノ段から三ノ丸へ

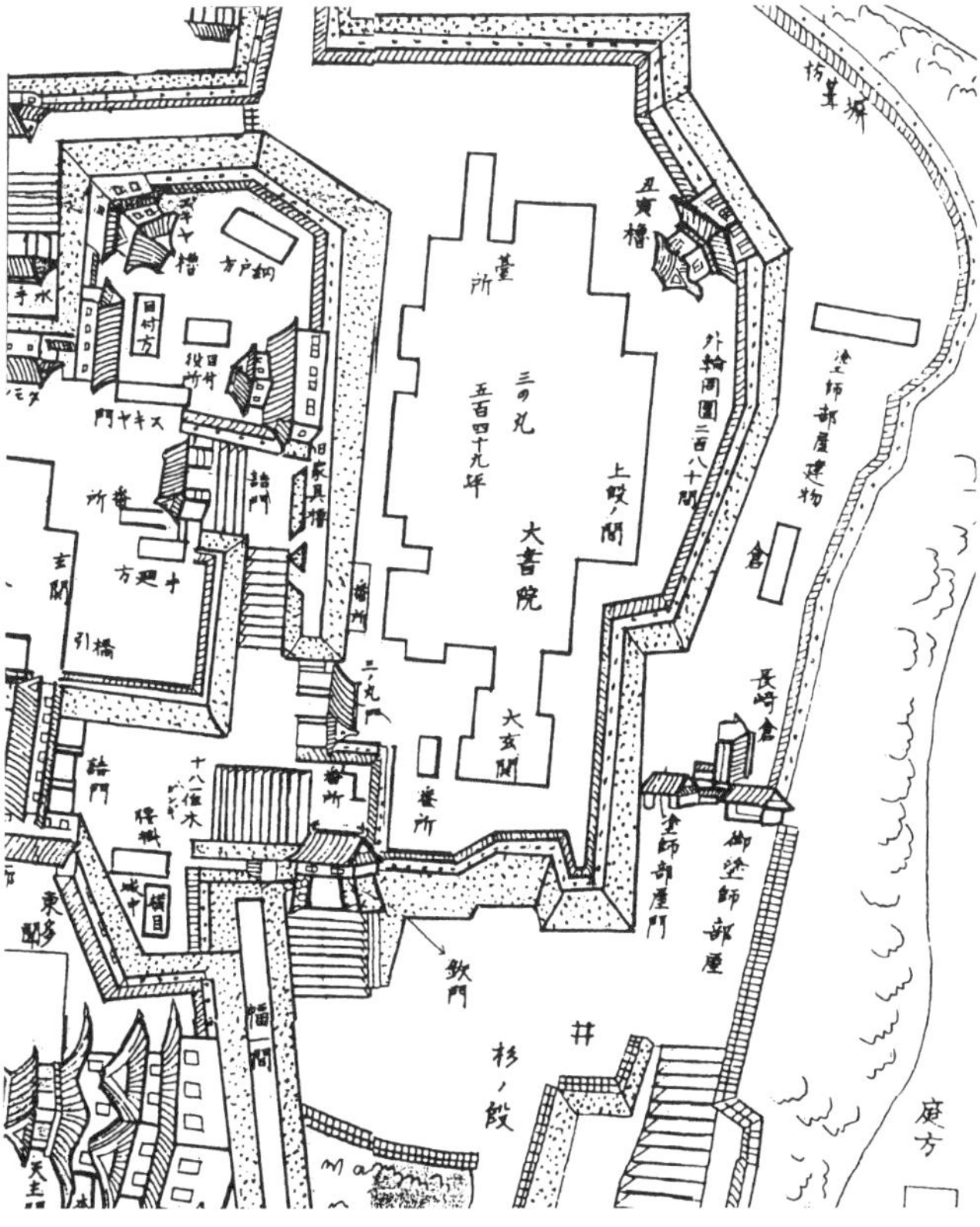

納戸方
日付方
日付役所
番所
玄関
引橋
詰門
旧家具櫓
三の丸
五百四十九坪
上段ノ間
大書院
臺所
番所
二ノ丸門
大玄関
丑寅櫓
外輪周圍二百八十間
塗師部屋建物
倉
長崎倉
塗師部屋門
御塗師部屋
鉄門
杉ノ段
井
庭方
城中
横目
天主

杉ノ段・三ノ丸周辺略図

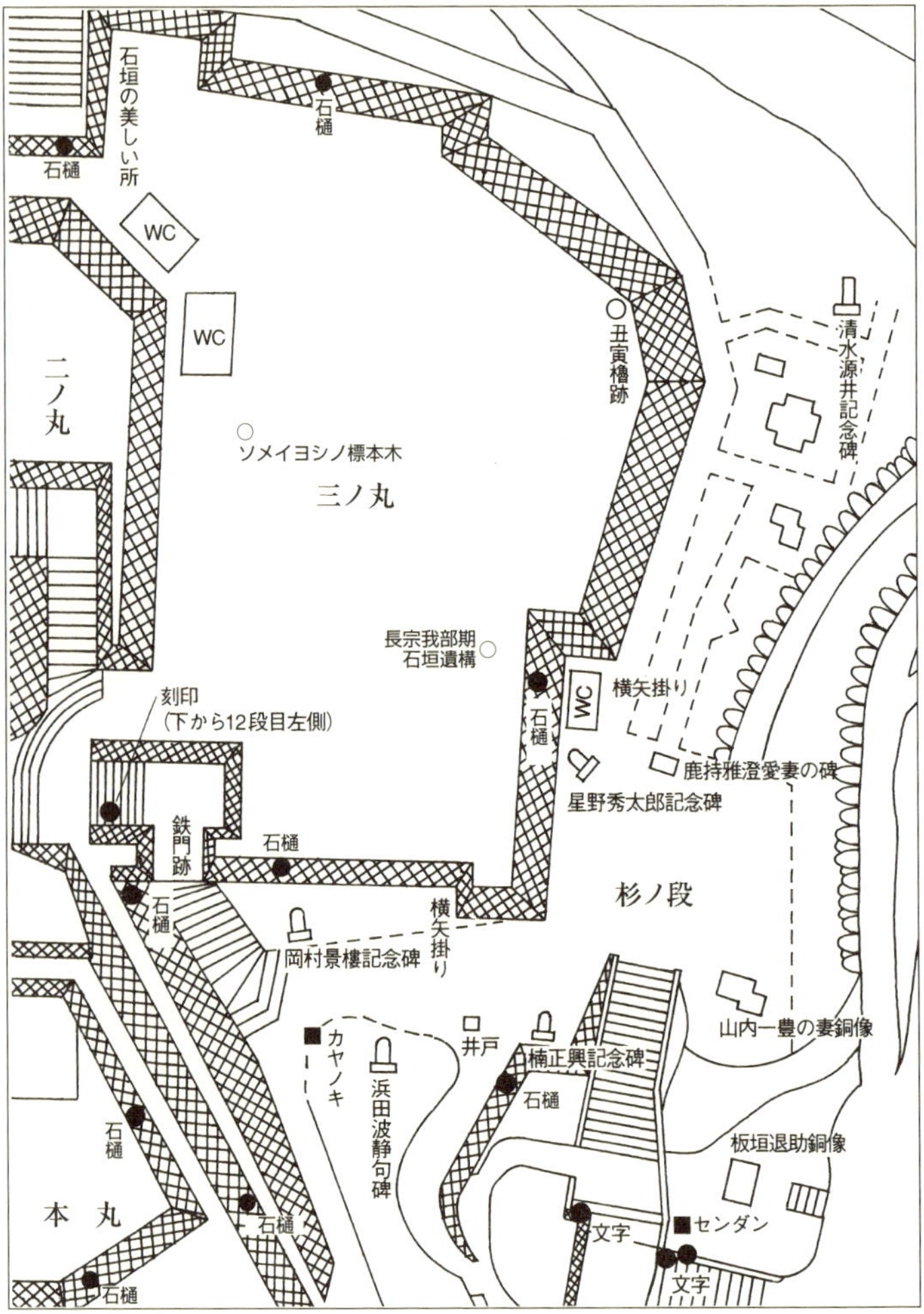

石垣の美しい所
石樋
石樋
WC
WC
二ノ丸
丑寅櫓跡
清水源井記念碑
ソメイヨシノ標本木
三ノ丸
長宗我部期
石垣遺構
横矢掛り
WC
石樋
刻印
(下から12段目左側)
鹿持雅澄愛妻の碑
星野秀太郎記念碑
鉄門跡
石樋
杉ノ段
石樋
横矢掛り
岡村景樓記念碑
山内一豊の妻銅像
カヤノキ
井戸
楠正興記念碑
浜田波静句碑
石樋
石樋
板垣退助銅像
本丸
石樋
センダン
文字
文字
石樋

杉ノ段

三ノ丸の東下段にあたる杉ノ段は、かつてはその名の通り大きな杉が欝蒼《うっそう》と茂っていたようですが、ここには長崎から買ってきた品物を入れておく長崎倉や、塗師《ぬし》の仕事場などがありました。また、三ノ丸を取り巻く腰曲輪《こしぐるわ》として、東側部分は枌葺《そぎ》き（薄板を葺いたもの）の矢狭間塀で防禦を固め、北に回ると獅子《しし》の段への連絡通路、南は太鼓丸への連絡通路となっていました。杉ノ段から北の駐車場の方に向かって下りる道は、明治四〇年（一九〇七）皇太子（のちの大正天皇）の高知ご訪問のときに造られたといわれております。

『皆山集』には「城中に住める獣類は狸・兎・野猪・シバクマなりと庭方役人の話なり」とあり、この山にもいろいろな動物が住んでいたようです。現在も狸、ハクビシンが住みついているようですので、夜になればそのあたりに出てきているかもしれません。

山内一豊の妻の銅像

山内一豊の妻の銅像は、昭和四〇年（一九六五）二月二六日、高知商工会議所婦人会の手によって、工費一千五百万円で建立されました。制作は滋賀県在住の彫刻家山口栄太郎で、像の高さは馬の方が耳の上まで二・八五メートル、夫人が二・二五メートル、台座を含めた総高は四・九五メートルです。自然石に書かれた「山内一豊之妻」の文字は、元総理大臣吉田茂（一八七八〜一九六七）の書です。

台座の左側部分に次のような銘文が取り付けられています。（句読点筆者）

山内一豊の妻は近江国小谷城主浅井長政の臣若宮友興の女、元和三年没、享年六十一、法号見性院。名馬を求め、後日一豊の土佐二十四万石城主への端緒を開いた戦国佳話は、時代を越えて夫婦協和の道をこの像に象徴する。

昭和四十年二月二十六日

高知大学長　久保佐土美撰

参議院議員　寺　尾　　豊　書

名馬とともに杉ノ段に立つ山内一豊の妻の銅像

山内氏系図でも、一豊室は「江州浅井家臣若宮喜助友興女」となっており、『高知県史』などもこの説をとって「一豊夫人は近江国（滋賀県）小谷城主浅井家の家臣若宮友興の娘で、幼少の頃父が戦死して、母とともに不破氏をたより、そこで成長した。その頃、近くの宇賀野（滋賀県近江町）に、一豊の母法秀院が長野家を頼って住みつき、近在の子女に裁縫を教えていて、そこに通ううち法秀院のめがねにかない、一七歳で一豊と結婚した」というように書いております。ところが最近では、一豊夫人は美濃国（岐阜県）八幡城主遠藤盛数の娘であるという説が有力で、郡上郡八幡町では、山内一豊夫人顕彰会が中心となって、平成六年（一九九四）九月、銅像も建設されました。

それぞれの郷土史研究の中で、その出自についての研究がされていますが、一豊と結婚した当時、嫁入りのときに持ってきた鏡筥《かがみばこ》から一〇枚の金を出して、一豊に名馬を買わせ、それが織田信長の目にとまって出世の糸口となったという話は有名で、戦前は小学校高等科の国語の教科書にも採用されていました。名馬の名は『皆山集』には「大田黒」とあり、『日本名城の旅』では「霜月」としています。この銅像もその話にあやかって、名馬の側に立つ夫人の像という形になっていますが、このほかにも、駆け出し時代の一豊を助けた話が残されており、戦陣に明け暮れながら一歩一歩出世してゆく一豊の良き協力者として、内助の功を発揮した賢夫人であったことは間違いないと思います。特に関ヶ原合戦の前、大阪から密書を送り、家康に従って関東に出陣している一豊を通じて、大阪方の情勢を家康に知らせ、自らは人質となる決死の覚悟で、一豊に進路を誤らせなかったことが、豊臣子飼いの武将たちを徳川方に味方させるきっかけとなりました。

これによって、関ヶ原合戦後の一一月、家康をして「このたびの軍忠山内対馬守忠節は木の本、其他の衆は枝葉の如し」と言わせ、掛川六万石から土佐二四万石へと破格の出世をするもとになったのです。一豊自身もいくつかの武勇伝を残しており、夫人の内助だけで出世したわけではないでしょうが、江戸時代にすでに名馬購入の話などが流布されていることを見れば、当時から賢夫人として聞こえていたものと思われます。

夫人には一豊との間に一粒種与祢姫《よねひめ》がありましたが、天正一三年（一五八五）一一月二九日、近江長浜で地震のため六歳で死亡しました。土佐に来てからのことは、あまり記録がないようですが、四年後の慶長一〇年（一六〇五）九月二〇日に一豊が死亡したあと、夫人は京都妙心寺大通院に入り、法号を見性院と称しました。天文一四年（一五四五）生まれの一豊よりは一二歳年下で、弘治三年（一五五七）生まれとされていますが、元和三年（一六一七）一二月四日、一豊と同じく六一歳で亡くなっております。

名馬購入の話

一豊夫人の銅像のモチーフとなっている名馬購入の話は、江戸中期の儒者・新井白石（一六五七～一七二五）の『藩翰譜』などに紹介されています。『土佐史談』一一〇号、山本大著「一豊の妻の銅像に思う」によってその記述をみてみますと、

「昔一豊、織田家に出て仕へし初め、東国第一の名馬なりとて、安土に引来て商ふ者あり。織田殿の家人等、これを見るに、誠に無双の名馬なり、されども価余りに貴《たか》くして買ふべき人一人もなく、空しく引て返へらんとす。

其頃一豊は猪右衛門尉と申せしが、此馬ほししと思へども、求る事如何にも叶ふべからず。家に帰りて、世の中に身貧しき程、口をしき事はなし。一豊仕への初めなり。かゝる馬に乗て

見参に入りたらんには、屋形の御感にも預るべきものをと、独言いひしに、妻はつくづくと聞いて、その馬の価いかばかりにやと問ふ。黄金十両とこそ云ひつれと答ふ。妻さほどに思い給はんには、その馬もとめ給へ。あたひおばみづからまゐらすべしとて、鏡の筥《はこ》の底より、黄金十両とり出しまゐらす。一豊大きに驚き、この年頃身貧しく、苦しきことのみ多き内には、この黄金ありとも知らせ給わず、いかに心つよくは包み給ひけん、されども今此馬うべしとは思ひもよらざりきと、且は悦び、且は恨む。妻申すには、のたまふ所ことわりにこそ侍れ。さりながら、これはわらわが父の、此家に参りし時に、この鏡の下に入れ給ひて、あなかしこ、これよのつねの事に、用ふべからず。汝が夫の一大事あらん時に参らせよ、とて賜ひき。されば家まづしく苦しむなどいふ事は、よのつねのならひなり。それはいかにも堪へ忍びても過なまし。まことか此度都にてお馬揃へあるべしなど聞こゆ。もしさもあらんには、此事天下の見物なり。君また仕へのはじめなり。かかる時ならでは屋形にも傍輩にも見知られ給ふべきよしもなし。よき馬めして見参に入れ給へと思へばこそ、まゐらすと云ふ。

一豊やがて其馬もとむ。程なく都にて馬揃へのありし時、織田殿この馬ご覧あって大いに驚き給ひ、あっぱれ名馬や、何者の馬ぞ、と仰せありしに、是は東国第一の馬なりとて、商人が引て参りしに、余りに価たっとくして誰も買う事叶はず。空しく引て帰るべかりしを、山内が買ひ得て候ひしと申す。信長聞し召し、価貴き馬なり、当時天下に信長の家ならでは買ふべき人なしとて、奥よりはるばる来りしを、空しく還したらんには、無念の至りなるべし。その山内は年頃久しき浪人と聞く。家もさぞ貧しからんに、買ひ得たる事の神妙さよ。且は信長の家の恥をもすすぎ、且は武士のたしなみ、いと深し、と感じ給ふ事大かたならず。これより次第に身を起せしといふ、誠にや」

ところで、信長の馬揃えが京都で行われたのは、天正九年（一五八一）二月のこととされ、その頃一豊は秀吉に仕えて、播磨有年《うね》で二千石の領主となっております。また夫人の父とされる若宮氏は夫人幼少のとき死亡しているなど、時期や場所から見てもこの話にはいくつかの矛盾点があり、馬の代金についても十両というもの、金子壱枚とするもの、馬を買ったのは一豊の母法秀院であるとするものがあるかとおもえば、夫人のもう一つの出身地とされる郡上郡八幡町は名馬の産地で、一豊の馬は郡上から贈られたものであるという説まであり、諸説が入り乱れていて、真偽のほどは分かりません。それにもかかわらず、名馬のもとの持ち主に関する話題も、次のように伝えられています。

● 吉岡幸馬著『郷愁野史』

「名馬のもとの持主本沢伝内という者が、高岡郡日下《くさか》（日高村）の石田の里に住んでいたという事が伝えられている。この伝内は一豊の馬の口取りをやり、後に御馬廻の身分になったが、晩年乱行して日下へ追放され、日下では田畑を開墾して美田を遺したという。その墓は石田地区タオにあり、『芳常心信士本沢伝内墓』と刻まれ、弘化五年建立となっている」

（註）弘化五年（一八四八）は一豊死後二四三年になります。子孫の建立でしょうか。

●土佐史談　七一号

昭和一五年（一九四〇）五月二六日付土陽、高知新聞記事として、

「名古屋鶴舞公園市立美術館に開催中の、日本精神展覧会に陳列されている『山内一豊とその妻の夫婦相和』の博多人形の前に立って感涙にむせんでいる一老媼があった。

この老媼は、高知市金子橋　田中歌（八四）さんといひ、歴史に名高い一豊公が、赤貧洗ふが如き生活のため乗馬を買へず困惑せるを、妻女の心掛によって隠されてあった金子をもって名馬を購入した。その時乗馬を売った孫兵衛の二十代目の子孫が、この老媼であることが判明した。同女の語るところによれば、孫兵衛は美しき一豊公夫人の心根に感激、直ちに家臣となり、五石三人扶持の微禄に甘んじて田中の姓を受け、爾来子々孫々山内家に仕へてゐたが、廃藩置縣以来高知市金子橋に居住してゐるもので、新聞紙上で同博覧会に主家の祖先の姿が陳列されてゐることを知って、その面影に接せんと遙々高知市から来たものであると、老眼に喜びの色を浮べて、感激とともに物語るのであった」

鹿持雅澄愛妻の碑

あきかぜの福井の里にいもをおきて
安芸の大山　越えかてぬかも

と書かれた愛妻の碑は、昭和三六年（一九六一）五月一日、土佐愛妻会によって建てられたもので、碑の裏面には「愛情と労苦にむくいて土佐愛妻会これを建つ」と記されています。

この和歌は、土佐が生んだ偉大な国学者鹿持雅澄が藩の下級役人として、天保二年（一八三一）八月、高知から遠く羽根浦（現室戸市羽根）へ分一役（税務官）として単身赴任の途中、安芸市の東の大山岬で、妻子を想い詠んだ歌とされ、彼の歌集『山斎集』から採られたもので、同じ歌碑が安芸市大山岬の国民宿舎の庭にも建てられております。（「福井の里」は高知城の西北、現在の高知市福井町、「いも」はここでは妻を指しています）

鹿持雅澄の先祖は、中村一条家を頼って京都から来た飛鳥井雅量《あすかいまさかず》といわれ、山内氏入国後、雅量の孫加持雅春の次男安治が、高知城下福井村の柳村氏の養子となりました。

雅澄は寛政三年（一七九一）四月二七日、この柳村家に生まれましたが、三九歳のときに藩の許可を得て、鹿持の姓に改めたと伝えられています。柳村家は土佐藩の中でも極めて低い徒士《かち》と

鹿持雅澄愛妻の碑（杉ノ段）

いう身分で、雅澄は下級役人を務めながら、ひたすら万葉集の研究に打ちこみ、五〇年の歳月を費して『万葉集古義』一四一巻を著しました。また、自宅では「古義軒塾」を開いて後進を指導しました。雅澄の大成した『万葉集古義』は、明治維新後明治天皇の御下賜金をもとに、宮内省版で印刷され、明治四三年（一九一〇）には、日本研究の代表的な文献として、勝海舟の『開国起源』とともにドイツのライプチヒ大学にも贈られました。その研究の偉大さが分かります。

彼の門人には、妻菊子の甥で土佐勤王党の盟主武市半平太をはじめ、勤王党盟約文を起草した大石弥太郎・吉村虎太郎・佐々木高行などがおり、土佐の松下村塾ともいわれる古義軒塾の国学思想は、土佐勤王党のバックボーンとしての役目も果たしたと考えられています。安政五年（一八五八）

九月二七日没。六八歳。

清水源井記念碑

この碑は、高知県の水力電気開発に功績のあった清水源井《げんせい》（一八六〇～一九二四）の記念碑で、大正一四年（一九二五）六月、清水源井君記念碑建設同志会によって建立されたものです。題額は逓信大臣犬養毅、碑文は郷土史家寺石正路（一八六八～一九四九）、書は長らく高知商業学校の書道教師を務めた松村丑太郎（一八六四～一九四六）です。

碑文（句読点・濁点・ルビ筆者）

清水源井君ハ土佐郡井口村ノ人、剛毅闊達ニシテ才幹アリ。年甫《はじ》メテ十八安芸郡椎名小學校教員ヨリ身ヲ起シ、尋《つい》デ吾川郡横濱・内谷・瀬戸三村ノ組合戸長ニ転ジ、更ニ吾川・幡多郡ノ郡書記ニ累進ス、已ニシテ擢《ぬきん》デラレテ高知縣内務部第五課長ニ任ゼラレ、旁ラ高知測候所長及物産陳列所長ヲ兼ヌ、恪勤励精皆ソノ職ニ稱《かな》フ。初メ長岡郡甫喜山ニ疎水開鑿ノ企アリ、君炯眼夙ニ其ノ水力電気ニ利用スベキヲ思ヒ、之ヲ縣営トシ公益ヲ弘メンコトヲ主張ス。明治三十五年縣始メテ之ヲ調査ス。明年宗像知事亦其ノ志アリ、君等ノ議ヲ容レ一旦之ヲ縣営ニ付セントス、已ニシテ日露ノ役興リ、事中止ス。三十九年知事再ビ意ヲ決シ、衆議ヲ排シ縣営工事ヲ興シ四年ニシテ成ル。

是ヨリ先君出デテ幡多郡長トナリ、職ヲ辞シテ後土佐電気鉄道会社取締役並ニ土佐紙業組合頭取ニ推サレ、尋デ四十年八月高知縣水力電気事務所主事トナリ、同四十二年三月工事落成スルニ及ビ遂ニ同所長ヲ命ゼラル。是ニ於テ君多年ノ宿志始メテ成リ、尓来當局ヲ助ケ益々其ノ改善ヲ計ル。大正五年柿沼知事ノ来任セラルルヤ、更ニ大規模ノ拡張ヲ行ヒ、縣経済ノ基礎始メテ安定ス。是レ固《もと》ヨリ当局ノ英断ト縣民ノ公援トニ由ルアリト雖モ、君ガ終始不断ノ努力盡瘁與《あずか》リテ大ナル者アルニ非ズンバ焉《いずく》ンゾ能ク

清水源井記念碑（杉ノ段）

是ノ如クナルヲ得ンヤ。

君多藝ニシテ刀剣弓術ヲ嗜ミ、懐徳館ノ拡張、高知慈善協会ノ改善、土佐史談會ノ施設等ニ關シ力ヲ盡セルコト鮮少ナラズ。大正十三年七月三日病ヲ以テ職を辞ス、縣其ノ在職中ノ功勞ヲ賞シ金一萬圓ヲ贈ル。同月九日遂ニ歿ス。享年六十有四。

抑モ水力電気事業ノ如キ時勢ノ進運ニ従ヒ、早晩自ラ起ルベキコトナリト雖モ、人智未ダ發達セザル時ニ當リ、而モ能ク率先其ノ創設ヲ唱へ、万難ヲ排シ、竟《つい》ニ不抜ノ基礎ヲ建テ、大ニ縣民ノ福利ヲ増進スルニ至ラシメシ君ノ功績ハ、実ニ不朽ナリト謂ウベシ。頃者有志舊友相謀リ碑ヲ建テ功ヲ刻シ、其ノ遺徳ヲ後世ニ傳ヘントシ、余ヲシテ文ヲ撰バシム、因リテ梗概ヲ叙ス此ノ如シト云フ。

大正十四年六月　遞信大臣犬養毅題額

寺石正路撰　松村丑太郎書

（裏面）　故清水源井君記念碑建設同志会建之

星野秀太郎記念碑

この碑は、長野県松代の出身で、高知県病院長を務め、明治二一年（一八八八）、香美郡赤岡町で発生した腸熱対策に活躍し、自ら感染して、二九歳で死亡した星野秀太郎（一八五九〜一八八八）の記念碑です。篆額《てんがく》は小松宮彰仁親王、碑文は内務省衛生局長長與専齋、書は海南学校の教師も務めた書家奥宮禮（号暁峰、一八一九〜一八九三）です。

篆額

星野秀太郎記念碑

碑文

陸軍大將近衛都督議定官大勲位彰仁親王篆額

明治二十一年三月高知県香美郡赤岡村腸熱大作流傳甚癘縣官所遣検疫吏員及毉師染死者前後及數輩乃使病院長星野君診視之君細察議剤具善後之方而歸數日君亦染漬遂不起而疫疾亦息君諱秀太郎信州松代人父兼繁母星野氏世事藩主年十四随父至東京偶患眼殆失明多方調治竟得痊可君従斯興志

星野秀太郎記念碑（杉ノ段）

入大學修醫學勤勉十二年卒考試為醫學士明治十九季任島根県醫學校教諭兼病院長明年轉岡山縣醫學校教諭尋補高知縣病院長未幾罹此厄君幼而岐嶷四歳善作字父奇之試授句読随教随記立誦數章郷里稱為神童及長博聞強記研覈愈励其於治術深造自得所詣甚精又以防疾病於未然為任數為衆庶説衛生要旨其言鑿々無不適實際者平生自奉至薄無他嗜好而待後進甚厚仰學資於君者常有數人君猶壮齢其學行如此而溘焉長逝人皆痛惜之君生於安政六年四月卒於明治廿一年四月七日歳纔二十九年九箇月矣娶福与氏生一男一女男夭君卒之後三日火化於土佐郡薊野村大穴山有志諸子相謀欲建記念之碑以垂君名于不朽具状乞銘余職衛生義不可辞

銘曰「良醫之斃於癘　猶良将死於兵耶　其人逝其功遂　吁可不為斯人銘耶」

内務省衛生局長元老院議官従四位勲三等

長與專齋撰

奥宮　禮書　廣瀬喜男謹彫

碑文の概略　明治二一年三月、高知県香美郡赤岡村に腸熱（腸チフス・パラチフス）が大流行した。県から出張した検疫吏員及び医師も感染して数人が死亡した。そのため、県病院長の星野秀太郎に現地で診察を命じた。彼は詳細に調査して対策を立てて帰ったが、数日後彼もまた感染し、ついに帰らぬ人となってしまった。一方病気のほうも下火となった。星野氏諱《いなみ》は秀太郎、信州松代の人で、父は兼繁、母は星野氏、代々藩主に仕えた。一四歳で父に随って東京に行ったが、たまたま眼病にかかり失明に近い状態となった。そのため、八方手を尽くして、ついに病気をなおすことができた。このことから医学を志し、大学に入って学び、一二年間をかけて医師の資格を得た。明治一九年島根県医学校教諭に任ぜられ病院長を兼任。翌年岡山県医学校教諭、ついで高知県病院長に任ぜられ、時を経ずしてこの災いに遭った。彼は幼いときから賢く、四歳で文字を書いた。父親が試しに漢文の読み方を教えたところ、たちどころに数章を暗唱したので、周囲から神童と称された。長ずるに及んで学は益々進み、医学においても造詣が深かった。また疾病予防を任務として、しばしば人々に対して衛生の心がけを説いた。平生自分のことは問題にせず、後進のために尽くしたので、学資を受けている者は常に数人あった。若くして学徳高く、多くの人が彼の突然の死を惜しんだ。彼は安政六年四月に生まれ、明治二一年四月七日没。歳わずかに二九年九箇月であった。福与氏を娶り一男一女を生むが、男子は早世した。彼の没して三日後、土佐郡薊野村大穴山（真宗寺山）に於て火葬に付した。

銘に曰く「良医の癘《れい》（流行病）に斃《たお》るるは、猶《なお》良将の兵（いくさ）に死するが如き耶《か》。其の人逝きて其の功遂ぐ、吁斯《ああこ》の人の為に銘せざるべけん耶《や》」

楠正興記念碑

この碑は、幕末から明治にかけての医師で、山内容堂の侍医を務め、のち追手筋で開業した楠正興（一八二九～一八八七）の記念碑です。建立者は彼の門人五三人、題額は陸軍中将谷干城《たてき》（一八三七～一九一一）、碑文は書家奥宮禮（号暁峰、一八一九～一八九三）、書は政治家細川潤次郎（一八三四～一九二三）となっています。

題額

橘陰楠先生尚徳之碑

碑文

君初名権造町氏後更稱楠正興號橘陰蓋其先出自楠河内公々子正儀生正秀正秀之子正盛徙于土佐居安藝郡玉造正盛十六世孫正常始稱町氏業醫居久禮田無男養郷人吉本氏子正家為嗣以女配焉正家生正命即君考也君幼喪父為大父所育及長學醫于大坂師日野華岡二氏後覚洋法之不可不講又入緒方氏門業成而歸乞治者日盈其門藩擢君為容堂公侍醫編入士籍蓋異數也明治元年二月公在京師罹激性肝焮衝君欲行瀉血術衆有難色君斷

楠正興記念碑（杉ノ段）

然曰若為致有不可諱当以身殉之耳會山川侍毉亦賛其説議遂決已而呼吸緩徐脈搏強大病勢大沮英毉烏里斯氏亦至公病尋愈君名益顕公賞其功賜時服有侯家徽章者及金若干在職數年歸郷遷居于高知業大行明治五年公在東京病篤有命召君々即日上途未到而公已薨矣乃又歸郷二十年七月十七日病歿享年五十又九娶竹内氏子男二人長曰正任次正保女二人君為人貌温而気剛其誘掖後進循々不倦受業者二百七十余人成家者多又用心於濟世常蔵氷塊盛夏覊之縣人頼其利不獨便患者也属者門人相謀将傳君之行事於不朽請谷中将題其碑首属余以文余聞君長子学毉大學業既成得学士號而歸乞治者日盛他日必将有所大揚父之名者何以余文為雖然門人之請不可辞乃為叙其概略如此

暁峰奥宮　禮撰

明治二十二年九月

陸軍中将従二位勳一等子爵　谷　干城題額

元老院議官従三位勳二等　細川潤次郎書

弘瀬吉太郎刻

背面に門人建石者五三人の氏名が刻されています。

碑文の概略　橋陰はじめの名は権造、姓は町氏。のち楠正興と改め、橋陰と号した。その先祖は楠正成より出ている（以下その家系が述べられている）。彼は幼時父を失い、祖父に育てられた。成長して医学を大坂に学んで、日野・華岡二氏を師とした。のち、西洋医学を学ぶ必要を悟り、また緒方洪庵の門に入った。学業を終えて帰ると、治療を求めて来る者が非常に多かった。藩では彼を抜擢して容堂公の侍医とし、士籍に編入した。まことに異例のことである。明治元年（一八六八）二月、容堂公は京都で激性の肝焮衝《かんきんしょう》（劇症肝炎か）にかかり、彼は瀉血《しゃけつ》の術（血液を除去すること）を行おうとしたが、周辺の者は難色を示した。彼は「若しその結果万一のことがあれば、まさに身をもってこれに殉ずる覚悟である」と決然としていった。山川侍医も其の説に賛同し、協議は決定した。術後間もなく呼吸は緩やかに、脈搏もしっかりしてきて、病勢はくいとめられた。英人医師ウリースも治療にあたり、病気は治ったので、彼はますます有名となり、容堂公はその功を賞して、山内家の家紋入りの時服と金若干を賜った。在職すること数年で土佐に帰り、住居を高知に移して開業し、繁盛していた。明治五年、容堂公が東京で重病となり、診断を要請されたので即日出発したが、間に合わなかった。明治二〇年七月一七日病歿。享年五九歳。竹内氏を娶り、子は男子二人、長男は正任といい、次男は正保、ほかに女二人。彼は人となりおだやかで意志は強く、後進を指導するには丁寧で、指導を受けた者二七〇余人にのぼり、一家を成した者も多い。また人を救うことに心を使い、常に氷塊を貯蔵し、盛夏にこれを売った。これは患者に便利なだけでなく、県民もまたこれを利用した。

往時は屋根、滑車付きだった杉ノ段の井戸

杉ノ段の井戸

『高知公園史』に「城内井戸覚」という記録があります。寛文の末頃から天和の頃(一六八〇年代)の書付とされておりますが、それには城内にある一四の井戸の所在が書いてあります。その後、井戸の数は増えているようですが、この杉ノ段の井戸は一四の中の一つで、深さ一〇間ばかり(約一八メートル)と記録されています。相当深い井戸で、水深も三メートル(九尺)近くあったらしく城内では一番水質が良かったので、毎日午前一〇時と正午、午後四時の三回、城主の住んでいる二ノ丸の御殿に運んでいたといわれております。

高知公園は明治七年(一八七四)八月八日から、はじめて一般の立ち入りが許可されましたが、こ

三ノ丸の石垣には各所に横矢掛りが見られる

の井戸のそばには「此井水、みだりに汲取るべからざること」という立札が立てられており、当時は屋根があって、滑車もつけられていました。何とか昔の姿を復元したいものです。

横矢掛り

杉ノ段から三ノ丸の石垣を観察してください。左右とも大体三〇メートルくらいで屈折をつけてあります。直線に長い石垣の場合、中間点に弱点があるといわれますので、屈折をつけて補強するのも一つの目的ですが、同時に、石垣に取り付いて登ろうとする敵を、弓や鉄砲で側面から攻撃できるように考案されたもので、「横矢掛り」または「横矢」と称しています。

三ノ丸などにも当然石垣の上に矢狭間塀が巡らされ、銃眼がありましたが、石落しの設備がなければ真下の敵を攻撃できません。「横矢」はそうした欠点を補うもので、他の城郭では、屏風折れといって三角形に突出あるいはへこんだものや、湾曲させたものなども工夫されています。高知城の場合は、この部分が典型的な「横矢」の石垣といえます。

弓の場合の有効な射程距離は、せいぜい二〇メートルから三〇メートルと思われますので、その辺も計算に入れて屈折をつけているのではないでしょうか。

浜田波静句碑

この句碑は、昭和六年（一九三一）四月四日、青眼林同人によって建立されたもので、除幕式には俳誌『ホトトギス』主宰の高浜虚子（一八七四～一九五九）も出席しています。

〝仁和寺は鼎《かなえ》に古里《こり》て頭巾可那《かな》〟　波静

この句は『徒然草』第五三「是も仁和寺の法師………」から発しています。かつて京都仁和寺の僧が宴席で鼎（三本足の金属製の容器）を頭にかぶって踊ったところ、その姿が面白くやんやの喝采を受けました。ところがあとでこれが抜けなくなって大騒ぎとなり、とうとう医者にまで行きましたが抜いてもらえず、死ぬよりはましと無理矢理に引き抜いたところ、耳や鼻に大けがをし、寝込んでしまったという話です。

近頃は仁和寺の坊さんも鼎をかぶることをやめて、みんな頭巾をして行き来しているよ、といった意味の、冬の季語〝頭巾〟を題材とした愉快な句です。

浜田波静句碑（杉ノ段築山）

浜田波静　浜田波静《はせい》は現南国市前浜出身、明治三年（一八七〇）生まれ、一六歳の頃から俳句をたしなみ、慶応義塾在学中正岡子規（一八六七～一九〇二）の指導を受けました。高知市で書籍商のかたわら、明治三二年（一八九九）俳句仲間と土佐十七字会を始めました。波静ははじめ子規門下にあって活躍しましたが、のち河東碧悟桐《かわひがしへきごとう》（一八七三～一九三七）の新傾向俳句に進み、同派の立役者として知られました。大正一二年（一九二三）二月二七日没。五四歳。

岡村景樓記念碑

この碑は、幡多郡下ノ加江村（現土佐清水市）出身で、幕末から明治にかけての医師岡村景樓《けいろう》（一八三五～一八九〇）の記念碑です。碑には明治三二年五月と刻されていますが、『高知公園史』によりますと、明治三四年（一九〇一）二月九日に建設を許可しています。篆額《てんがく》は貴族院議員長谷信篤、碑文は勅撰議員重野安繹、書は、海南学校・高知中学校などで書道と漢文の教師を務めた西森真太郎（一八四七～一九一八）です。

篆額
岡村景樓君記念碑

碑文

君諱景樓初名斧吉號櫻峯又蜃氣樓平姓岡村氏土佐幡多郡某村人少志醫従學同郡吉松某游浪華問業森川・花岡二氏赴肥前入吉尾某門後従英人保茲那究内外科解剖學業成而還業醫郡之上加江有患石痲者十余年不愈君剖而出之即霍然名大興移居高知藩主延見屡有賞賜戊辰役擧為軍醫從軍奥羽歸為高知病院醫監明治十二年暴瀉流行所謂虎列剌者十九年復興君発明治方以布帯堅縛腰臀防瀉泄多所全活乞治者一日至四百餘人施薬救貧氓官賞賜銀杯為人倫素簡率和而愛物其接病者懇切周到来乞輒往不俟車輿善戯謔解人頤衆愛而思之常讀莊周書作文操筆立成又嗜狂歌二十三年二月七日歿春秋五十六葬潮江村小石木皿峯君系出鎌倉景政其裔曰岡村景英仕土佐国守一條氏有戦功子孫為本郷里正考某妣某氏君其第二子也娶川田

岡村景樓記念碑（杉ノ段築山）

氏三男景光・景雄・稚稲二女一夭一適人
銘曰
諧謔弄世　漆園吏之流歟　奇方救病　秦越人之儔歟
昔聞奇方　今銘畸人　畸人奇方　千古以傳
明治三十二年五月
勅選議員文科大学教授正四位勲四等文学博士　重野安繹撰
麝香間祗候貴族院議員従一位勲三等子爵　長谷信篤篆額
土佐　西森真太郎書

碑文の概略　岡村景樓、初めの名は斧吉、櫻峯または蜃氣樓と号した。土佐幡多郡某村に生まれ、若くして医を志し、同郡の吉松某に習い、大坂に出て森川・花岡の二氏に学び、肥前に赴いて吉尾某の門に入る。後英人ホジナに従い、内外科・解剖学を究めた。業成りて帰り上ノ加江で開業した。当時一〇余年来石麻《せきりん》（膀胱結石）を患う者あり、景樓は摘出手術を行ってこれを治し、有名になった。のち住居を高知に移したが、しばしば藩主にも謁見を受けて金品を受けた。戊辰の役には軍医として奥羽に従軍、帰国後高知病院医監となった。明治一二年と一九年にコレラが流行した。景樓は治療方法を発明し、多くの人を救ったため、患者は一日四百余人にのぼった。

貧しい者には無料で薬を与えて助けたので、官から銀杯をうけた。質素な生活をし、患者には懇切に接し、気楽に往診してくれ、おどけをいって人を笑わせ、大変人気があった。常に荘子を読み、文筆にすぐれ、又狂歌を嗜む。二三年二月七日歿。享年五六。潮江村小石木皿ヶ峯に葬る。先祖は鎌倉景政より出て、後裔の岡村景英は中村一条氏に仕え戦功あり、子孫は本郷の里正（庄屋）となった。父母の名は不詳。川田氏を娶り三男あり、景光・景雄・稚稲。二女あり一人は若死、一は他家に嫁いだ。

銘文
諧謔《かいぎゃく》世を弄《もてあそ》ぶ、漆園《しつえん》の吏（荘子）の流か。奇方病を救う、秦越《しんえつ》の人の儔《たぐい》か。
昔奇方を聞き、今畸人と銘す。畸人と奇方と、千古以て伝わらん

石垣

江戸時代中期の儒者荻生徂徠《おぎゅうそらい》（一六六六〜一七二八）は、その兵法書の中で石垣の築き方を「野面積み」「打込ハギ」「切込ハギ」と分類しています。

石垣の種類

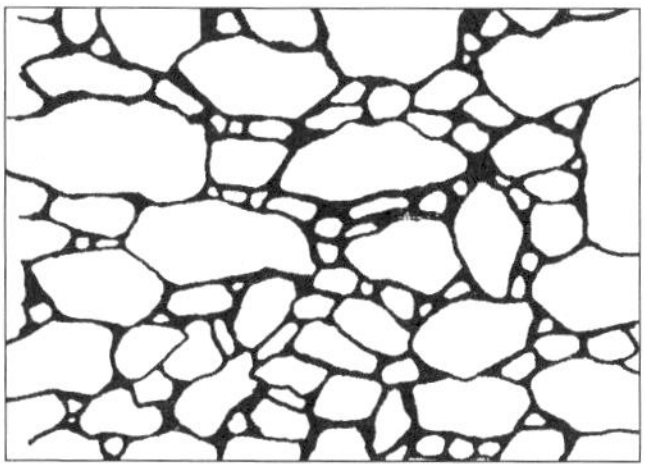
野面積み石垣

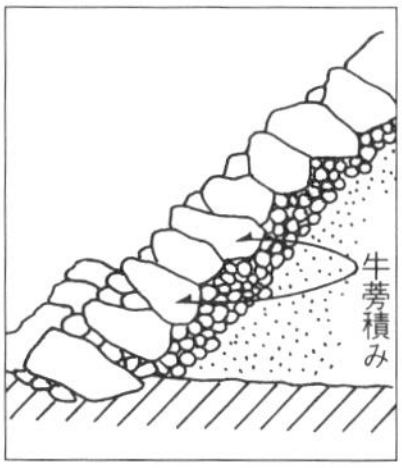

野面積み

打込ハギ

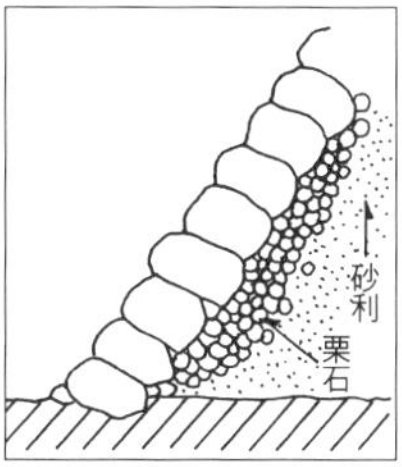

打込ハギ

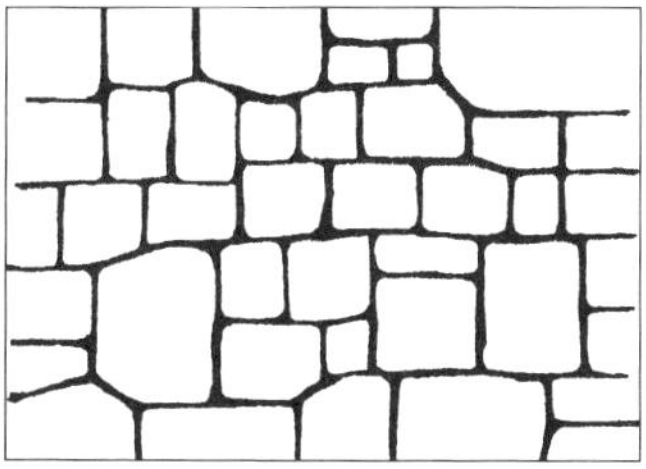
切込ハギ

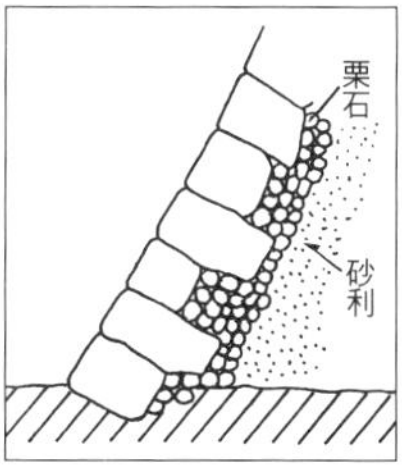

切込ハギ

右原図・『歴史散歩事典』（山川出版）、左は著者

［野面積み］自然石をそのまま太いほうを内側にして積んで、表面にできる隙間には小ぶりの石を詰める。内側には栗石を詰めて排水をよくし崩壊を防ぐ。戦国時代の城郭に多く見られます。

［打込ハギ］石面や石の角を加工して石垣表面をととのえ、石と石の間に合端《あいば》石を詰める。大石の間に小石を打ち込んだように見えるところから名付けられたといいます。切石積みにすることによって野面積みではできなかった高石垣とすることができ、安土築城以後急速に普及したといわれます。

［切込ハギ］切石を隙間なく積み上げる。江戸時代に発達した技法で、各地の城郭に整然とした石垣を見せています。

また、角にあたる部分は「算木積み」といって、長方形の石を左右に交互に積みます。

高知城の石垣は追手門、鉄門付近など一部を除いてほとんど野面積みの工法を採っています。一見雑なように見える積み方ですが、一名ごぼう積みともいわれ、大石を横に寝かせて太いほうを内側にして積み、その中に栗石や砂利を詰めてあるので、排水もよく非常に堅固であるといわれています。使われている石の種類もチャートと砂岩がほとんどで、加工に適さないため野面積みの工法がとられたとも考えられます。

この石垣を築いたのは、近江の国（滋賀県）の穴太衆《あのうしゅう》と呼ばれる石垣造りの専門職の人たちで、織田信長の安土城築城に参加して有名となり、全国の大名に招かれて築城に当たりました。高知城の石垣は穴太役北川豊後（知行百五十石）の担当によって築かれたと記録されています。

石垣の美しい所　高知城内で一番石垣が美しく築かれているのは、杉ノ段から奥へまわったところの三ノ丸石垣です。この部分は「打込ハギ」の手法で築かれており、勾配も〝扇の勾配〟と呼ばれる美しい曲線を見せています。ここは城の裏に当たるところで、綿倉門・水ノ手門を経て二ノ丸に通じており、通常部外者には見えないところです。このような場所の石垣が特に美しく築かれているのはなぜか、よ

美しい曲線を見せる三ノ丸西北隅石垣

く分かっていません。

『土佐美術史』は、この石垣について「備前侯の寄付によって築いたものであると伝えられている」と書いています。これだけではよく分かりませんが、山内家と備前岡山藩池田家とは深い姻戚関係があり、三代忠豊の正室長光院は岡山藩三代池田光政の妹、五代豊房の継室玉仙院は四代池田綱政の娘にあたりますし、一二代藩主豊資《とよすけ》の正室祐仙院も八代斉政の娘にあたります。

一方、このあたりの石垣について『皆山集』には、

一、宝永二年四月十日之夜宵より御城三ノ御丸北ノ奥之方石垣鳴居申処ニ八ツ時分程ニ崩れ申其鳴音雷の如く江ノ口辺之者は驚き申由上へ八間程有石垣也……中略……右之石垣ハ先年も崩レ突直したる処と承る也但北の水の手門へ左脇之石垣也石ハ二ツ三ツ下之段まで飛其余ハ上ノ段ニとどまり申也

一、宝永二年七月四日御願済八月御城石垣築直シ御普請初ル九月三日豊房様御見分

（いずれも原文のまま）

とあり、五代藩主豊房の時代の宝永二年（一七〇五）に崩壊して修築したことは『豊房公紀』にも詳細な記録がありますので、現在の石垣はそのときのものと考えられます。

『豊房公紀』では、円行寺口と東諸木（現高知市春野町）で石を切り出して、〝木遣《きやり》〟の声も勇ましく運び、延べ四万五千余人を使って同年一〇月一五日竣工した、と書かれておりますので、あ

るいはこのときに、備前岡山藩から何らかの援助があったのではと思われますが、確証がありません。

北川豊後貞信

石垣築造の責任者穴太《あのう》奉行は近江出身の北川豊後でした。『一豊公記』に出ている北川家の記録によりますと、一豊が土佐入国後、北川豊後は知行一〇〇石で召し抱えられる約束になっていました。豊後は石垣の築造にすぐれており、一豊公は、関ヶ原合戦以降各大名とも城の工事が多くなっていて、一〇〇石では他の条件の良い大名に引き抜かれるかもしれないと、五〇石を増して一五〇石小姓格で召し抱え、穴太（穴生）奉行として石組築立万端を任しました。

穴太というのは、現在の滋賀県大津市穴太をさし、信長の安土城築城にあたって、この地区の者たちが石垣築造を受け持ったといわれます。このことから名を知られた石垣築造の専門職集団が穴太衆と呼ばれ、各地の城郭の石垣築造にあたりました。後、穴太（穴生）役・穴太（穴生）奉行といえば石垣築造の責任者の役名となりました。

巨木ガイド② カヤノキ

杉ノ段から鉄門跡に登る石段の左手にあり、周囲三・三メートル、樹高二三メートル、樹齢は四〇〇年と推定されています。（平成四年刊『高知市の文化財』）

カヤノキは船材、ふろ桶などにも用いられますが、碁盤用材としては最高のもので、この木も相当な価値があると思われます。国有林などにあった天然のものは伐り尽くされていますので、県内に現存するものとしては最大級であろうとみられています。

鉄門跡

鉄門は、両脇の石垣をまたぐ形で建てられた本瓦葺き入母屋《いりもや》造り重層の建物で、約一一メートルと追手門の半分程度の門でした。一階の門部分の全面に鉄板を打ち付けていたところから鉄門と呼ばれていました。この門を入ると三ノ丸・二ノ丸から本丸に通じており、城内でも重要な場所として、特に石垣も入念に築いたと記録されています。

石段を上りつめた所に鉄門があった

石垣は、隅の部分は〝算木積み〟、その他の部分は〝打込ハギ〟といわれる積み方になっており、大きな石の中には、採石したときの箭《や》（くさび）のあとがそのまま残っているものがあります。

鉄門を入った所は枡《ます》形になっており、突き当たりの部分に番所があって、弓・鉄砲を持った番人と足軽二人が詰めていました。

門を突破した敵には、正面と右側の矢狭間塀、門の上層の三方から攻撃できるようになっており、左に曲がって石段を上ると、自然に正面の詰門の方に誘導されるように設計されています。実際は右に折れて、二ノ丸から詰門二階を通らなければ本丸に達しないわけで、本丸への道は意識的に長く造られています。その上、二ノ丸の方向に石段を登ろうとすると、背後にあたる天守方向から狙撃されることになります。このあたりにも計算された巧妙な縄張りが感じられます。

石段は〝十八雁木《がんぎ》〟と呼ばれ、もとは一八段あったようですが、現在は一六段になっています。十八雁木の中ほどに八段の石段を設けて、そこから鉄門の上層に上がれるようになっていました。東側は三ノ丸側にも入り口があったと思われます。

三ノ丸

三ノ丸は北ノ廓《くるわ》に次いで広い廓で、総面積は一、四〇四・一坪（約四、六四一平方メートル）あり、敷地の西側は二ノ丸の石垣で、東北の石垣上には丑寅櫓《うしとらやぐら》があり、それを結んで東・南・北の三方に矢狭間塀を巡らしていました。この敷地は斜面であったものを、大高坂山と小高坂山の中間にあった中高坂山の土を運んで造成したといわれ、このため江ノ口川の西にあった中高坂山がそっくりなくなったと伝えられています。ところが、平成一二年（二〇〇〇）の三ノ丸発掘調査で、長宗我部元親築城時のものとみられる石垣遺構や、桐紋の軒丸瓦などが発見されたと発表されました。この発見は、これまでの説をくつがえす可能性があります。

三ノ丸には総坪数五四九坪（約一、八一五平方メートル）の御殿が建てられていました。この御殿には、正月や節句の儀式、その他藩主の対面・接客の場所として使われる大書院、裏書院、藩主の控えの間である御居間などがあり、大規模な台所や配膳室、浴場も付属していました。

次頁の図は、安芸市立歴史民俗資料館所蔵の「三御丸絵図」をもとにし、一部『土佐美術史』の記述などを参考に補足したものです。「三御丸絵図」はヨコ一一五センチ、タテ八三センチの和紙に書かれており、作成された年代は不明ですが、略図の「高知城の図」とほぼ一致することから再建御殿の図であると思われます。当時の三ノ丸御殿の構造を知る上では貴重な資料です。原図には奥配膳ノ間とそれに続く南北の部屋に「二階」の表記があり、一部二階建てであったことが分かりますが、階段の位置が示されていないなど、別の図面を写し取ったものであることがうかがえます。この図で見ると畳敷きの部屋が四〇、畳数は五六七枚ほどにもなり、その他に五〇畳敷に相当する大台所が付属しています。

東南部分に伸びている離れ座敷のような部分からは、追手筋から城下の家並み、遠くは田園風景や五台山、浦戸湾に浮かぶ帆傘船なども眺められたことでしょう。

創建当時の三ノ丸御殿は、次に示す斎藤唱水の日記によっても、襖には金箔を張り、極彩色の絵が描かれるなど、絢爛豪華なさまがうかがえます。しかし、享保の大火で焼失して、宝暦三年（一七五三）に再建された御殿は、財政難から相当質素なものになったと考えられていますが、大書院の欄間には、土佐の左甚五郎と称された武市甚七作の「岩に梅樹に母鳥」「沢瀉《おもだか》に鴛鴦《おしどり》」の

高知城三ノ丸御殿見取り図

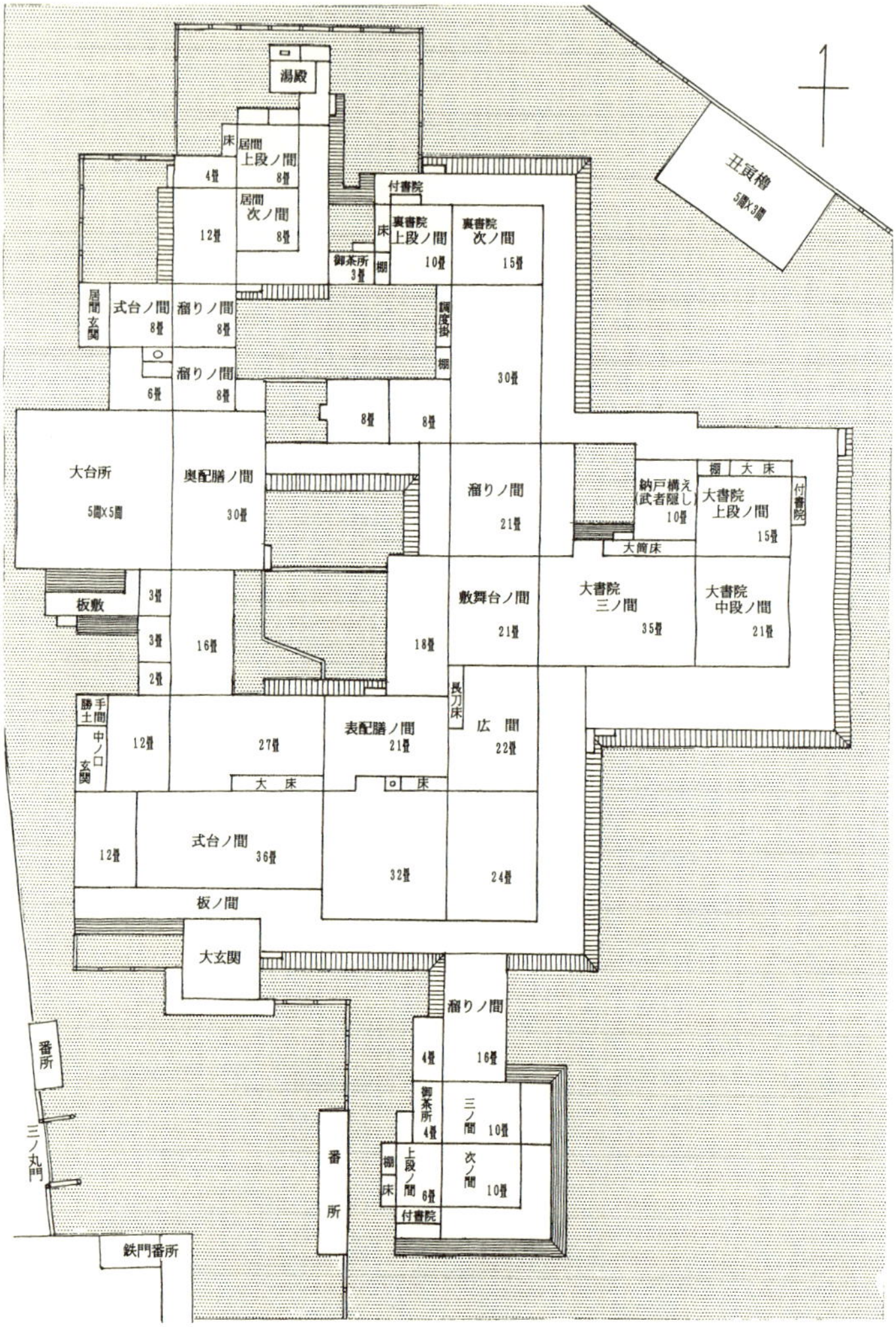

（原図 安芸市立歴史民俗資料館蔵『三御丸絵図』）

欄間なども飾られていたようで、その一部は現在も納戸蔵に展示されています。
維新後はこの建物が藩の執政府となり、ついで明治三年（一八七〇）まで知事府（県庁）として利用され、同六年公園化にともなって取り壊されました。現在は跡地が花見の場所として市民に親しまれており、高知の桜の開花を告げる「ソメイヨシノ」の標本木もあります。

ソメイヨシノ

サクラの開花の標本木とされるソメイヨシノは、オオシマザクラとエドヒガンの交配による雑種で、明治初年に東京・染井（現在の豊島区巣鴨付近）の植木屋から売り出されたサクラです。はじめはヨシノザクラと呼んでいましたが、奈良県吉野山のヤマザクラと混同されやすいので、ソメイヨシノと名付けられたものです。東京都の都花に選定されており、この花の開花を〝桜前線〟と呼んで、四国・九州地方の三月二〇日前後から、五月の北海道まで開花が報道されます。現在、高知市の開花の平年値は三月二四日で、全国一早くなっています（熊本二五日、宇和島二六日、日本気象協会高知支部調べ）。平年値は、過去三〇年の実績から算出し、西暦の一がつく年に改定されます。

斎藤唱水の日記

創建当時の高知城の豪華な様子を紹介するものとして、元禄一六年（一七〇三）、五代藩主豊房の招きで土佐に滞在した、江戸の文人斎藤唱水の日記がよく引き合いに出されます。『高知公園史』から三ノ丸に関係する部分を抜き出してみます。

「六月一六日、巳の上刻（午前一〇時頃）三ノ丸へ出つ、本丸ハ見ねばいざしらす、二ノ丸は御坐の所なれば内々までも御膳の具もそなはり、臺所のしつらいよのつねのことし、又三ノ丸にもをなし事すこしもかわらず、廣間をさしのぞけは、外椽をしまはし拭板はばひろく張臺にはあけまき糸ふとくかけらる、必大厦（大きな建物）本城の床にはあるものと見ゆ、いつれも残らす金張に極彩の繪さま〳〵に書り、此箔の色むかし色にて、當世にはまれ也、大廣間いつれの諸侯の居城にもおとるましく見ゆ、四方の張付のこらす金也、光りか、やく事大かたならす、天井ハ野山の霊木、柱も椽もをなし白木作りにて詞も及ひかたく、いつかたにも類なきさま也、年始より何事の式も、當城にて諸士を集めらる、は此所也、………中略………御居間をはしめあなたこなた見しに、いつくもをなしく金張付の極彩色、所により墨絵も有り……以下略」

長宗我部期石垣遺構

三ノ丸の長宗我部期石垣遺構

三ノ丸の石垣整備に伴い、平成一二年度（二〇〇〇）に発掘調査を行った結果、現存石垣の裏側八メートルの地点から、高さ二・七メートル、長さ約一三メートルの長宗我部期の石垣遺構が発見され、また〝桐紋軒丸瓦〟の破片も発見されて、話題を呼びました。この石垣は保存展示され、説明板もつけられています。

丑寅櫓

三ノ丸東北の隅にあった丑寅櫓《うしとらやぐら》は、外観二重内部三階で、浦戸城の天守を移したものと伝えられていますが、享保の大火で焼失し、その後再建されています。再建後の櫓は、二階建て本瓦葺きの一五坪（約四九・六平方メートル）の建物でした。二階は天守と同じく高欄を設け、屋根には軒唐破風を付け、鯱を飾り、全体が白漆喰の塗り籠めで、江ノ口方面から見た場合三ノ丸の殿舎から抜き出て、二ノ丸の家具櫓・本丸の天守の前景として威容を誇っていたと伝えています。

三ノ丸様

高知城の西、小高坂山に三ノ丸という町名があります。小高坂山には三ノ丸様と呼ばれた二代藩主忠義の側室の墓があり、昭和九年（一九三四）新町名を定めるとき、これにちなんで町名となったものです。

三ノ丸御殿は住居としては使用されなかったというのが通説ですが、この側室は三ノ丸に住んでいたと考えられます。享保の火災で焼ける前の御殿は、再建の御殿とは異なり側室の住めるような間取りになっていたのかもしれません。三ノ丸様の娘佐与姫は、重臣山内将監（乾信勝）の妻となりましたので、母の三ノ丸様も晩年は乾家の世話になったことでしょう。墓のあるあたりは乾家の預かり地であったといわれ、立派な墓が当時の権勢を偲ばせます。

詰門・二ノ丸あたり

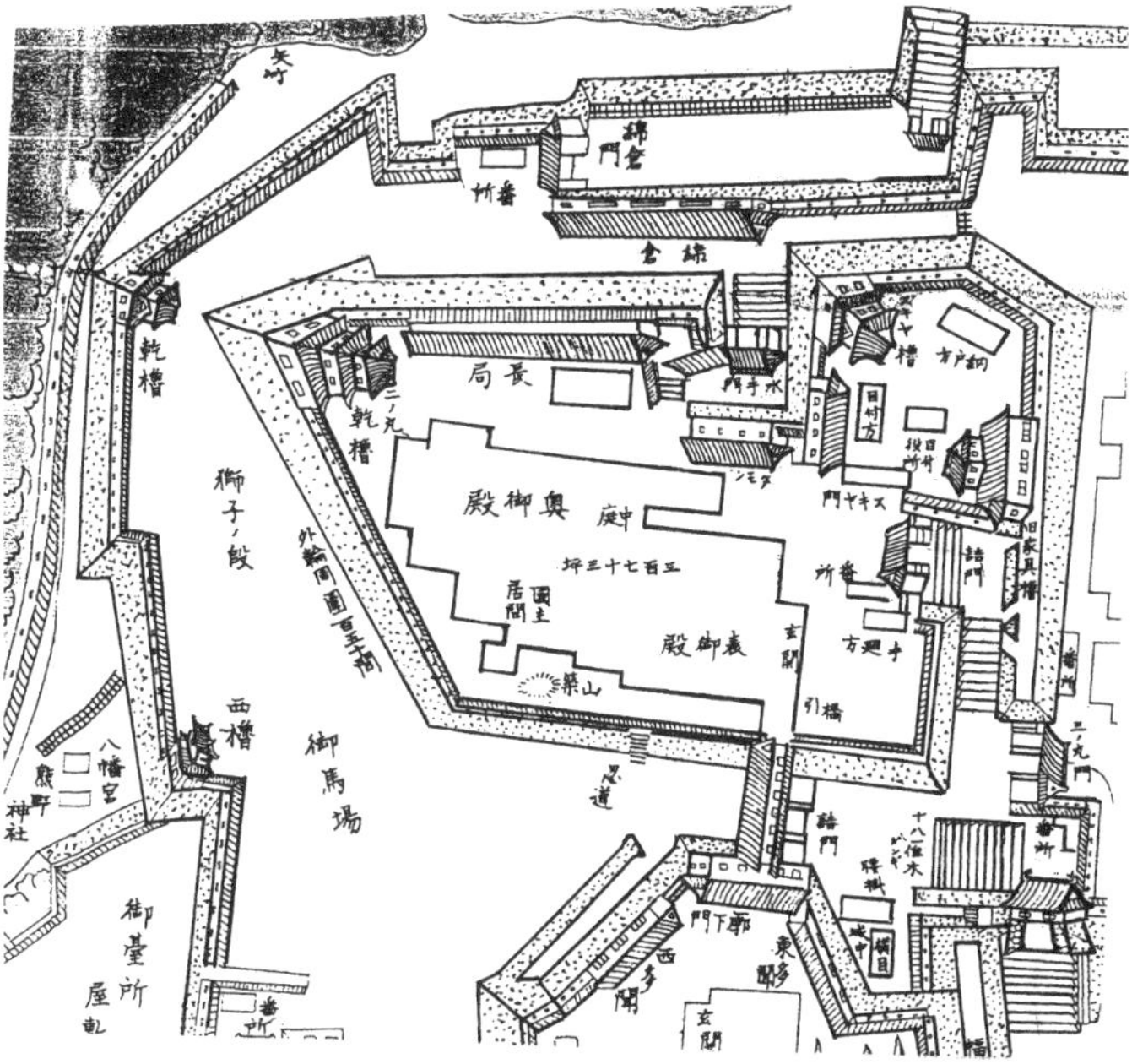

錦倉門
番所
錦倉
乾櫓
長局
水手門
納戸方
目付方
二ノ丸乾櫓
獅子ノ段
奥御殿
中庭
表御殿
玄関
番所
築山
引橋
詰門
西櫓
八幡宮
熊野神社
御馬場
二ノ丸門
番所
西多聞
東多聞
玄関

二ノ丸周辺略図

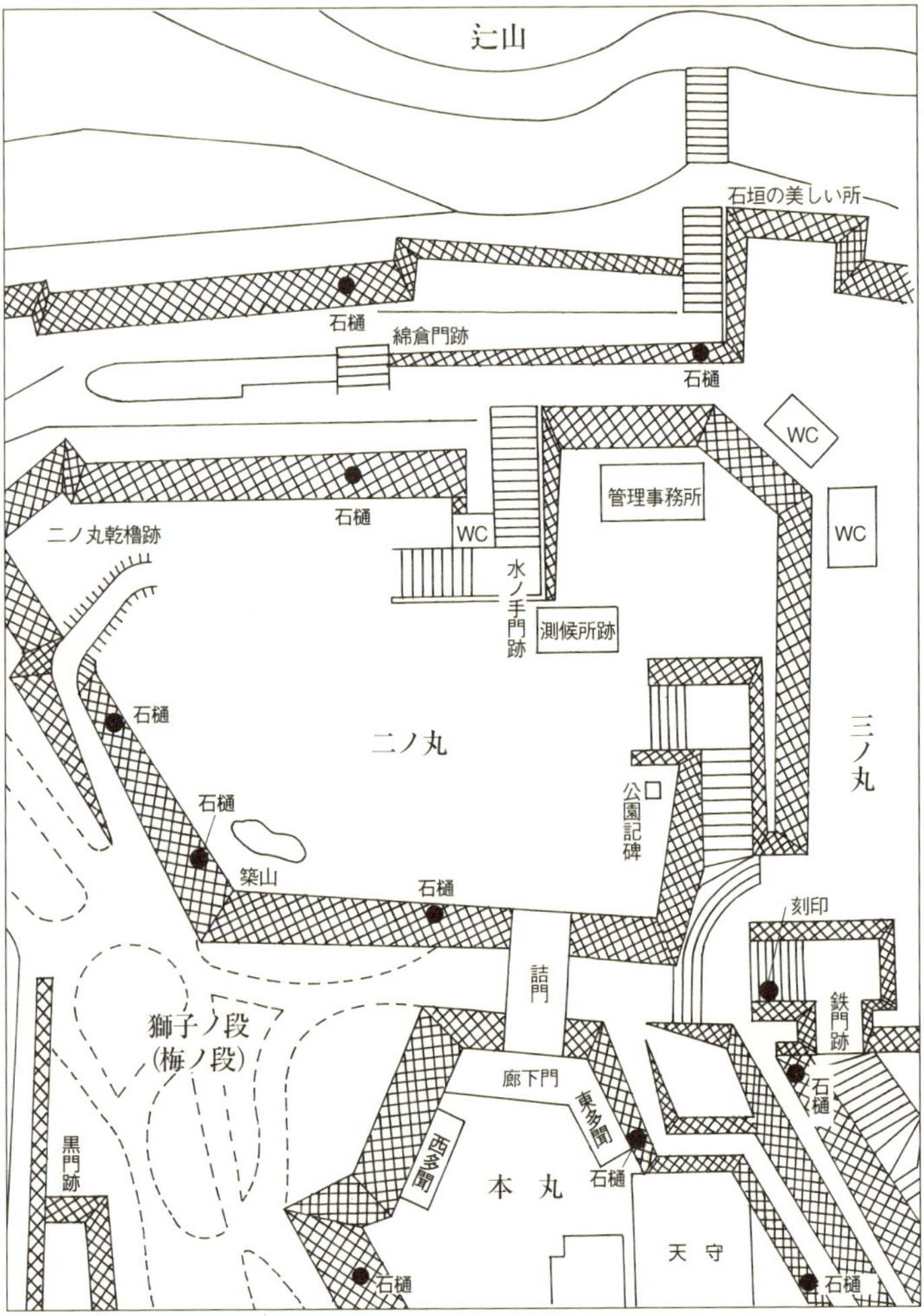
辷山
石垣の美しい所
石樋
綿倉門跡
石樋
WC
管理事務所
WC
石樋
二ノ丸乾櫓跡
WC
水ノ手門跡
測候所跡
石樋
二ノ丸
三ノ丸
石樋
公園記碑
築山
石樋
刻印
詰門
鉄門跡
獅子ノ段
(梅ノ段)
廊下門
石樋
東多聞
西多聞
黒門跡
本 丸
石樋
天 守
石樋
石樋

詰門（橋廊下）

二ノ丸と本丸の間は約四・五メートルの高低差があって、中間の地面が一段低くなっております。もとはなだらかにつながっていたのを、この部分を掘り込んで本丸を嵩《かさ》上げしたものと考えられています。

彦根城の場合は、似たような場所に天秤櫓《てんびんやぐら》に通じる掛橋がありますが、高知城の場合は二層の櫓で連結しています。階上は渡り廊下であるとともに、畳敷きとして登城の家老その他の溜《たまり》ノ間とし、階下は東西に通じる門となっており、二階部分が詰め所となっていたため詰門《つめもん》と呼んでいますが、古記録のなかには「橋廊下」と称しているものがあります。

建物は南北約一九・六メートル、東西約六・九メートルで、本瓦葺きの入母屋造り、本丸の廊下門に連続して丁字型に建てられています。面積は下層六八・〇七平方メートル（約二〇・六坪）上層一三四・二三平方メートル（約四〇・六坪）です。

上層は本丸に通じており、北ノ間・中ノ間・南ノ間・廊下門に通じる板ノ間の四室に分けています。北ノ間は一九枚の畳が敷かれ、平侍の溜ノ間とされ、東南隅は大御小姓の席で膝隠しを立てていたといわれます。現在は残っていませんが、西北の部分から三畳の小室が続き、その北は

二ノ丸と本丸を結ぶ詰門（橋廊下）

引き橋を隔てて二ノ丸御殿の玄関に連絡していました。

中ノ間は一二枚の畳が敷かれ、中老の溜ノ間、南ノ間は一八枚の畳が敷かれ、家老の溜ノ間となっていました。もとはそれぞれの部屋が襖で仕切られており、現在も低い鴨居と敷居が残っています。

各室の西側には筒床あるいは押し入れがあり、東側には格子窓を設けています。また東面に三カ所、西面に五カ所、敵の攻撃に備えて巧妙な〝隠し銃眼〞が設けられています。板ノ間の東南隅を約九〇センチ四方の間切り抜いて、蝶番《ちょうつがい》のついた蓋を付け、階下に通じる梯子を架けてあり、一朝事あるときに階上から下への抜け穴としています。

階下の構造は東西の幅は階上と同じですが、南北の長さは石垣の関係で少し短くなっています。この建物は俗に塩屋門とも呼ばれ、籠城の際の用意のために、門の中央から南に敷石をして食塩を貯蔵していました。

階下には東西両面に扉を設けてありますが、西側の扉は中央にあり、東側の扉は北方に偏って設けられています。これは敵に攻撃された場合見通しを悪くするとともに、一気に突破できないように、出入り口を筋違いに設けたものと考えられています。しかもこの道は全くの偽通路です。正面の道は広く石段も立派で、一見してこの門を通れば本丸に上れると思われるように造られており、このあたりが高知城縄張りの最も秘密とされた部分ではないかと考えられています。

二ノ丸

二ノ丸へは、現在見学路となっている石段を上って二ノ丸詰門（現存しない）からと、裏道にあたる綿倉門・水ノ手門（現存しない）を経由する通路と、本丸から詰門二階の渡り廊下を経由するコースと三カ所ありましたが、そのほかに、表御殿南側の石垣から獅子《しし》ノ段に下りる階段が設けられていました。

二ノ丸は海抜約四〇メートル、一、二四八・八坪（約四、一二八平方メートル）の敷地に、銃眼のついた矢狭間塀を巡らし、要所に二ノ丸乾櫓《いぬいやぐら》、家具櫓、数寄屋櫓が配置されていました。特に二ノ丸乾櫓は、建坪三六坪（約一一九平方メートル）、城内の櫓では唯一の三階建てで、二階、三階の屋根に千鳥破風を配し、さながら小天守のようであったといわれています。

二ノ丸には、藩の役所である表御殿、藩主の居間、側室や御殿女中のための奥御殿などがあり、北の石垣に沿って長局《ながつぼね》がありました。

創建当時の御殿部分は、上方から呼び下ろした有名絵師による障壁画《しょうへきが》が随所に飾られ、金箔押しの襖や名工の手による欄間など、豪華な建造物であったと伝えていますが、享保の大火で焼失、延享二年（一七四五）再建されました。

維新後の明治四年（一八七一）一月一七日、一六代藩主であった山内豊範は、二ノ丸御殿から散田邸《さんでん》（現三翠園敷地）に移り、同六年公園化にともなって、すべての建造物が取り壊されました。そしてそのあとに新たに樹木が植えられ、石垣の一部も模様替えして車道が設置されたりしましたので、維新前の姿を思い浮かべることは困難です。

現在、「土佐山内家宝物資料館」に保存されている『二ノ丸指図』は「安政三年五月改正」と書かれており、当時の二ノ丸全体の模様を知る唯一の資料と思われます。図は畳一枚分ほどの薄い和紙に書かれていて、欠落部分もあり、また朱書き、付け紙や文字の意味を理解できず、判断に迷う部分もあります。

高知城二ノ丸建物配置図

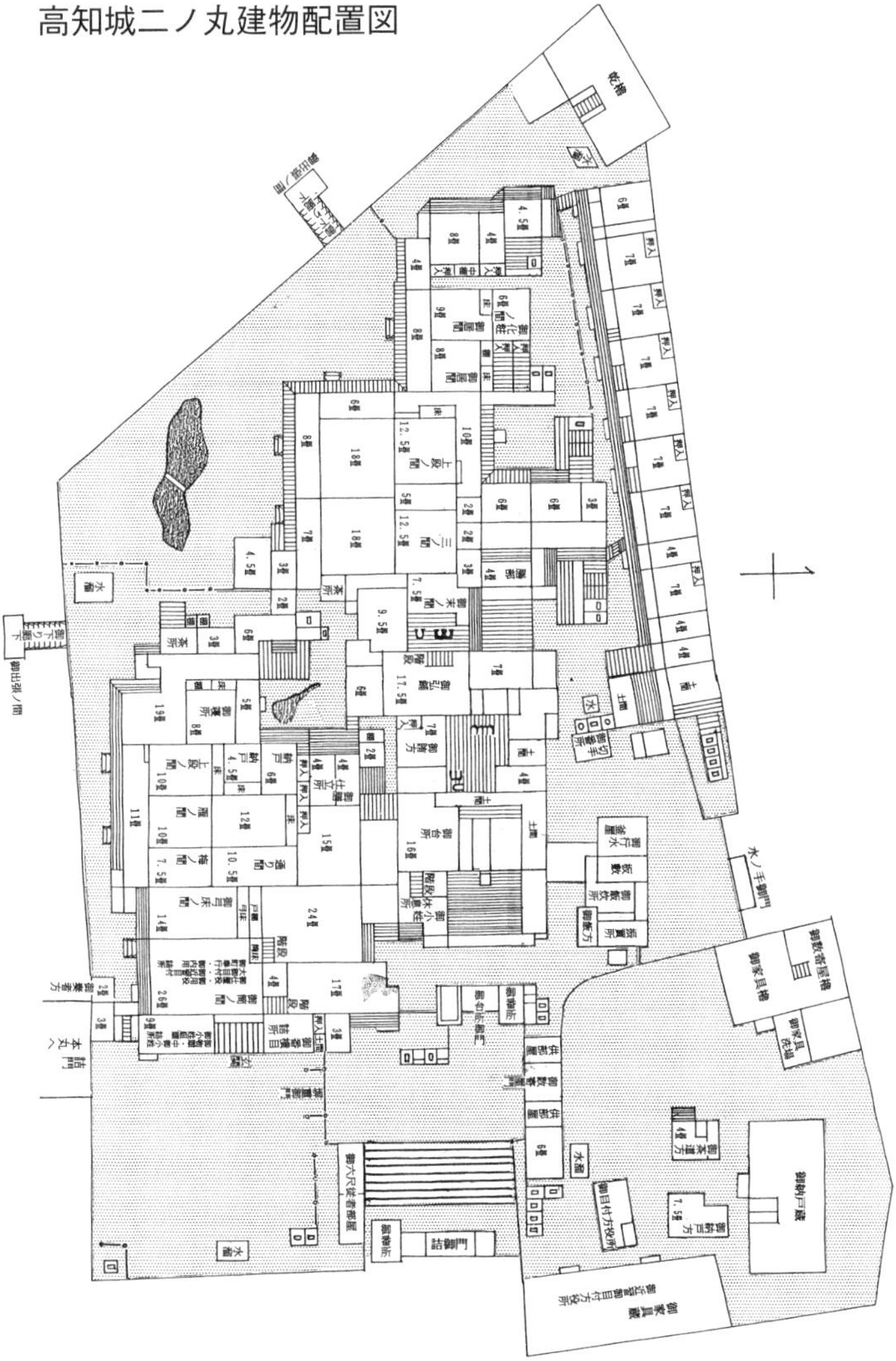

(原図 土佐山内家宝物資料館蔵『二ノ丸指図』)

この図が作られる一年半前、安政元年(一八五四)一一月に大地震がありましたので、翌二年二月に帰国した山内容堂は、現在の丸ノ内緑地の部分に仮御殿を建ててそこに入っております。したがってこの図面は安政元年の地震のあと、被害を受けた部分の修理、あるいはその機会に一部模様替えの計画もあって造られたものではないかと考えられます。

前頁に掲げたのは、その原図をもとに作成し、一部『土佐美術史』を参考に補足したものです。三ノ丸から石段を上がって左に折れると「二ノ丸詰門」があり、そこを抜けて石段を上がれば、正面に台所門、右側に数寄屋門、左側は玄関に通じる塀重門がありました。

御殿は、藩主が政務を見る表御殿と、私的な部分の居間や奥御殿に分かれており、そのほか台所・御膳仕立所・御飯炊所・賄方の部屋なども見受けられます。北の石垣に沿って女中方の住む長局があります。細長い通り間を含めて畳敷きの部分は約七五室、畳数は六百枚ほどになります。あちこちに階段の表示もありますので、一部二階建てであったものと思います。

表御殿の上段ノ間は、公式の対面や藩政の決裁をする場所として使用され、奥御殿の上段ノ間は私的な対面の場所と考えられますが、いずれも床ノ間・付書院・格《ごう》天井(木を格子型に組んだ天井)などを備えた書院造りとして格式を備えておりました。

内庭の池は御寝所から五畳の間を隔てて眺められる位置にあり、現在唯一残っている築山と池は、奥御殿の上段ノ間に着座したとき正面に見られるように配置されていたことが分かります。

高知測候所

北側部分には、かつて高知測候所がありました。測候所は明治一五年（一八八二）三月に、現在の若松町あたりに開設され、同二一年五月から昭和一五年（一九四〇）比島町に移転するまでの五〇年余り、二ノ丸で観測業務を行っていました。

高知城のドン

二ノ丸では、大正三年（一九一四）六月一日から、午砲が始められました。大阪砲兵工廠から無償で譲り受けたという三寸四斤野砲が毎日正午に発射され、その時報は遠く山を越えて春野町の方まで聞こえたといいます。以来〝お城のドン〟として親しまれていましたが、このドンも昭和一二年（一九三七）八月一一日をもって打ち止めとなりました。

この年の春、高知城を視察した文部省の服部技官が、午砲の音響で瓦や屋根にゆるみを生じ、長い年月には影響が大きいので、中止すべきであるという意見を出されたため、取り止めることになった、と当時の新聞が報じています。

山内容堂の銅像

大正一五年（一九二六）一一月には、現在の国旗掲揚台のあたりに、一五代藩主山内容堂（一八二七～一八七二）の銅像が建立されました。宿毛出身の彫刻家本山白雲（一八七一～一九五二）の作で、本体約四メートル、総高八・五メートル、衣冠束帯の立像は松の間に聳え、「英姿堂々生けるが如し」と称されましたが、昭和一九年（一九四四）金属回収のため供出されました。

平成一四年（二〇〇二）に、山内家一八代山内豊秋さんらによって、山内神社境内に新しく容堂公の銅像が建立されています。

公園記

この碑は明治六年（一八七三）、高知城が公園になったときのいきさつを記したものです。碑文

「明治8年5月に公園が完成した」と碑文に（二ノ丸）

は高知師範学校校長・高知県教育会委員長などを務めた教育者松村如蘭（一八三八～一九〇六）、書は前竹林寺務北岡了阿、製作したのは、秋山村（現高知市春野町）の石工広瀬善助・広瀬久太良と刻されています。

碑文

維時明治皇帝臨御之六年一月公園設置之令既頒府縣矣而本縣則以舊藩城之為縣下中央人民會集之衢上請以為公園乃毀宮殿之可毀伐樹木可伐斬其榛莽荊棘而植以嘉卉美草目其牙城以為懐徳館名其樓櫓以為咸臨閣東南置忘歸宣休二亭西南有櫻山涼風亭曰獅子壇壇隅有老梅一樹古来有勇獅子之稱曰鉄門曰杉壇井曰熊野社各處標榜名目以為十有一景於是乎風趣一變萬状改観凢目之所觸境之所遇無不新且奇雖山童野叟不解山水之趣者使躊躇顧瞻愛玩而不

忍去可不謂佳園哉唯以其在南維僻陬之郷名雖不甚著若使之在通邑大都之間則所謂嵐山上野之諸園亦将不能擅勝於天下矣此園也興功於明治七年三月告成于翌年五月自園之成毎逢嘉辰令節貴賤之士女絡繹携逭欣々然遊楽于其中謳歌維新之今日不止嗚呼古之人無此園之以遊楽今之人有此園之以遊楽抑何古之人之不幸而今之人之幸福也夫使今之人獲此幸福者不可謂非天皇陛下至仁徳澤之深則於此園設置之顛末安得不勒諸貞珉以垂不朽哉若夫四面山川之秀遠覧遙矚之美遊観者自能得之則姑置而不記云

明治十年九月吉辰　松村如蘭撰

前竹林寺務　北岡了阿誌

秋山村　石工　廣瀬善助

廣瀬久太良

碑文の概要　明治六年（一八七三）一月、公園設置の令が各府県に出された。本県は旧藩城を県内中央の人民会集の場所と定め、公園とした。建物の壊すべきものは壊し、雑木類を除いて、花木草花を植えた。牙城を懐徳館と名付け、楼櫓に咸臨閣と名付けた。東南に忘帰亭と宣休亭を置き、西南に櫻山と涼風亭がある。獅子の壇には一隅に老梅があり古来勇獅子と呼ばれた。鉄門・杉ノ壇井戸・熊野社など、各処に標識を置いて十有一景とした。これによって景観改まり、山水の趣を解しない者でも、行きつ戻りつあちこちを見回して去りがたくさせるであろう。惜しむらくは南の離れた土地にあるため、広く知られないけれども、若し交通の便利な都会の間にあれば、嵐山・上野の諸園も勝を天下にほしいままにすることはできないであろう。公園は明治七年三月工事に着手し、翌年五月に完成した。以来、祝日毎に貴賤を問わず訪れる人ひきもきらず、維新の今日を謳歌している。昔の人はこの園を遊楽することなく、今の人は自由に遊楽することができる。今の人々にこの幸福をもたらしているのは、天皇陛下の深きお恵みのお陰である。この園設置の顛末を石に刻して後世に伝えたいものである。四方の山川や遠景の美しさは、観覧者自らで感じられるであろうから、ここには記さないでおくこととする。

水ノ手門・綿倉門

二ノ丸北側、一段下に北面して六坪（約一九・八平方メートル）の水ノ手門がありました。礎石に柱穴の跡が残っており、二ノ丸の非常口と考えられますが、「寛文の末頃より天和の頃（一六八一～一六八四）の書付」と註のある「御城内井戸覚」には、当時城内にあった一四の井戸の所在が記されていて、その中に「井戸屋敷井戸　一ヶ所」とあります。井戸屋敷がこのあたりにあって、それに通じる門として水ノ手門があったのではないかともみられていますが、井戸屋敷の場所は確認できません。

一段下は、三ノ丸と獅子ノ段を結ぶ腰曲輪《こしぐるわ》で、北側の石垣に沿って二四坪（約七九・三平方メートル）の「綿倉」があり、その横に七坪（約二三・一平方メートル）の綿倉門が建てられていました。綿倉門から東に向けて木の柵が設けられていて、これを獅子垣と呼んでいました。獅子垣の東端にあった柵門は、特別に許可を受けた者以外は通行できなかったようです。

本丸

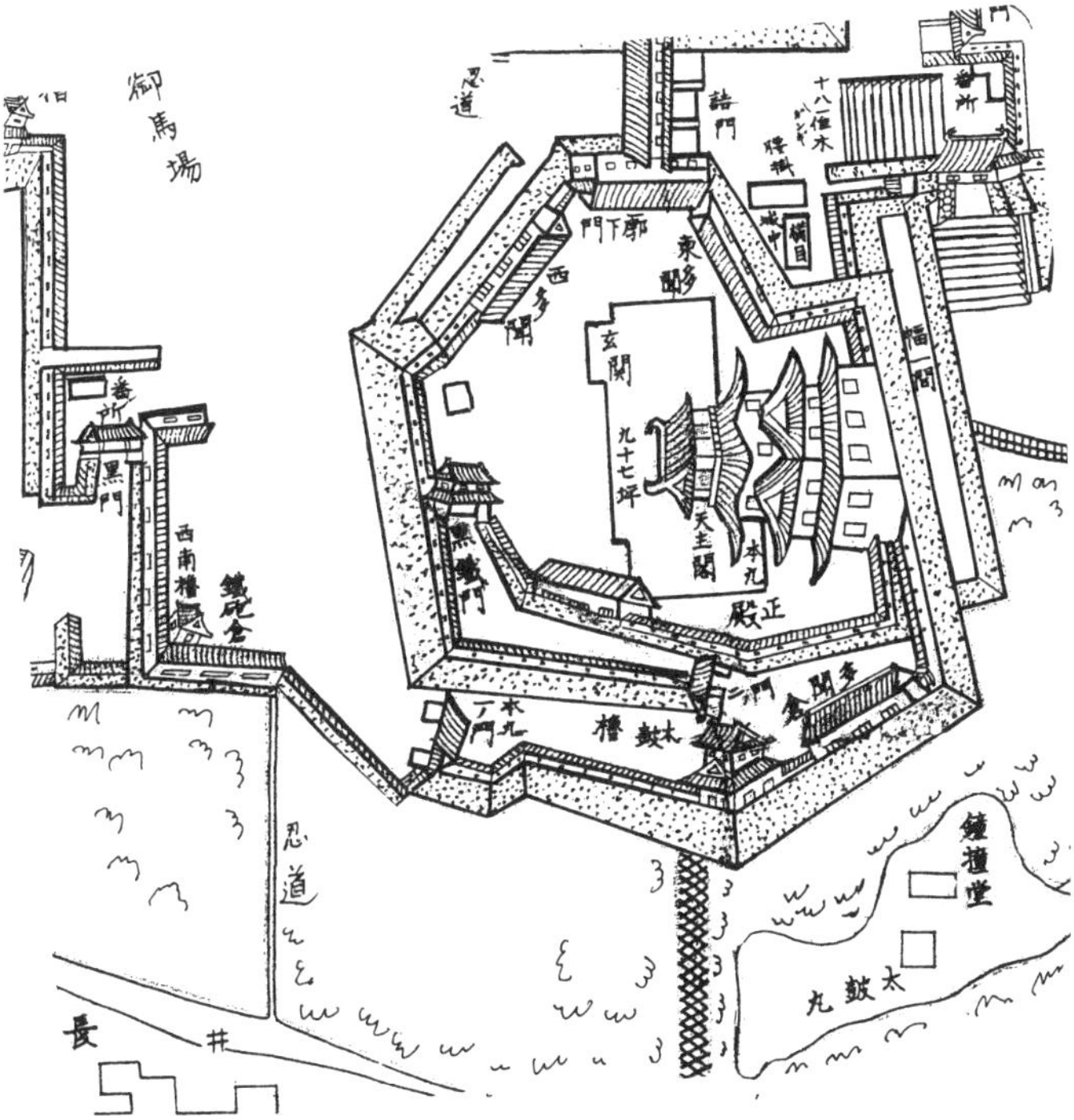
御馬場
忍道
詰門
番所
城中
横目
廊下門
東多聞
西多聞
玄関
九十七坪
天主閣
本丸
正殿
番所
黒門
西南櫓
鐵砲倉
黒鐵門
多聞
本丸ノ門
太鼓櫓
忍道
鐘撞堂
太鼓丸
長井

本丸周辺略図

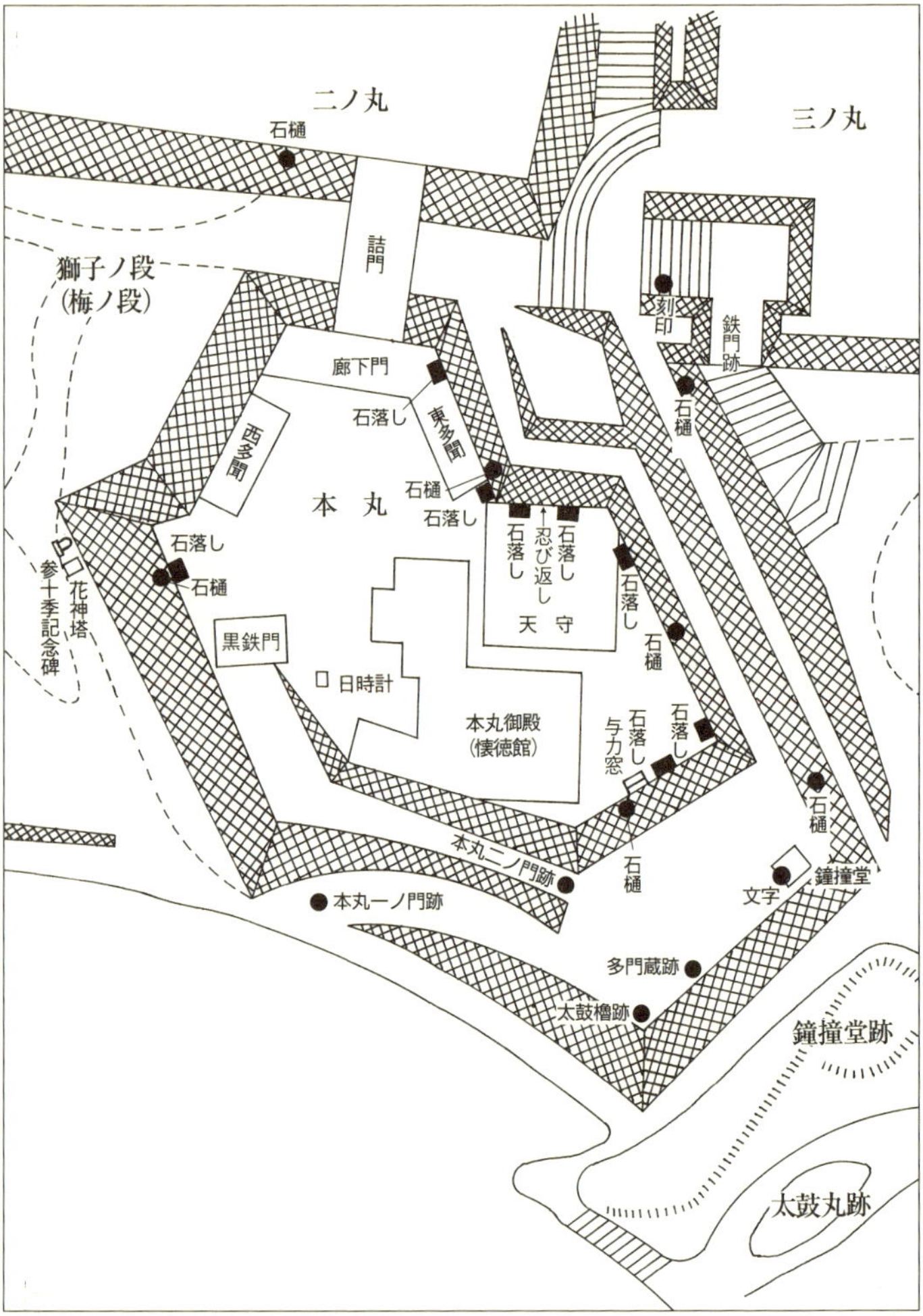
二ノ丸
三ノ丸
石樋
詰門
獅子ノ段
(梅ノ段)
刻印
鉄門跡
廊下門
石落し
東多聞
西多聞
石樋
石樋
本　丸
石落し
石落し
石落し
忍び返し
石落し
石落し
石樋
参十季記念碑
花神塔
天　守
石落し
石樋
黒鉄門
日時計
本丸御殿
(懐徳館)
石落し
与力窓
石落し
石樋
石樋
本丸二ノ門跡
本丸一ノ門跡
文字
鐘撞堂
多門蔵跡
太鼓櫓跡
鐘撞堂跡
太鼓丸跡

完全な形で残る

本丸の地面は標高四四・四メートルです。北西から南東方向に長い約四七八坪（約一、五八〇平方メートル）の変形の土地を巧みに利用して、天守・本丸御殿・納戸蔵・廊下門・東多聞・西多聞・黒鉄門《くろがねもん》を配し、それらの建造物を、要所に石落しを付け、丸・三角・四角の銃眼を有する塀で連結しています。

重要文化財に指定されている高知城の一五の建造物のうち、一一がこの本丸にあり、本丸の一角が完全な形で残っているのは全国唯一で、昭和二〇年（一九四五）の高知大空襲でも被害をまぬがれて残った、貴重な遺構です。

本丸の矢狭間《やざま》塀は、防弾のため特殊な構造になっていて、外壁と内壁の間に約六〇センチの間隔を造って、径一二センチ程度の栗石を詰め、内部の乾燥のため、竹の筒を二本横に通して空気の流通をよくしていたといわれています。本丸のほか二ノ丸や三ノ丸の塀も同様の防弾壁にしていたようです。現在この形式は、追手門の塀の一部にだけ残っております。

『皆山集』には「本丸玄関ノ北ノ東方ニ千人雪隠ト云有、石ニ畳ミシ深数丈ノ穴也ト云」とあり、籠城の場合の便所として造られたものかと思われますが、抜け穴ではないかという説もあります。現在はその場所も定かでありません。

廊下門

廊下門は渡り櫓《やぐら》形式の門で、本瓦葺きの入母屋《いりもや》造り、二ノ丸から本丸に架けた詰門（橋廊下）と丁字型になっており、本丸北方、東西多聞の間にあります。「廊下門」という名称は二階の櫓部分と東多聞が棟続きで、長い廊下のようにつながっているところから来たものという説がありますが、接続する詰門の元の名が〝橋廊下〟であるところから来ているのではないかとも考えられます。東西約一八・六メートル、南北約五・五メートルで、面積は下層二四・七四平方メートル（約七・五坪）、上層一〇一・六八平方メートル（約三〇・八坪）です。桁の東西両端は東多聞・西多聞の建つ石垣の上に載せています。よく見ると北西隅の部分は本丸の石垣から少しせり出して建っています。この部分は石落しという説もありますが、石落しとしては幅が狭く、修理報告書の詳細な構造説明にも開口部が確認されていませんので、石垣と建物との設計上の食い違いによるものか、理解に苦しむ部分です。

下層は合計六本の柱で二階の櫓部分を支え、巨大な鏡柱二本の間に大扉二枚が入っており、西

中央が廊下門、左は西多聞、右は東多聞（本丸）

側の鏡柱と脇柱の間の下部に潜り門が設けられています。扉部分などにはそれぞれ飾り金具を取り付けていますが、外部から見えにくいためか、追手門の場合よりは全体に省略されています。

二階の櫓部分の出入り口は西端に南面して片引戸、東多聞とつながる東面に両開きの扉が設けられています。窓は北面に三カ所、南面（本丸側）と西面に各一カ所設けられ、北面に六個、西面に二個の銃眼が設けられています。二階の内部は壁はなく三室に仕切られており、かつては武器その他の物置として使用されていた模様ですが、現在は参考資料のパネルが陳列されています。

東多聞・西多聞

多聞櫓《たもんやぐら》というのは、城の石垣上に長屋状に造られた櫓のことで、松永久秀（一五一〇～一五七七）が大和の多聞城で始めたからとも、楠木正成（一二九四～一三三六）が守り神として多聞天（毘沙門天）を安置したという伝説から名付けたともいわれています。

廊下門をはさむ形で東多聞と西多聞が造られており、どちらも本瓦葺き切妻《きりづま》造りの建物です。

東多聞は東側の長さ約一五・九メートル、西側約一一・八メートル、幅約三メートルの変形で、面積は約四一・六平方メートル（約一二・六坪）、北面は廊下門と棟続きになっています。外側の壁は総塗籠《そうぬりごめ》で、外部は格子窓二カ所と石落し一カ所だけが見えていますが、内部壁面には隠し銃眼六個があり、非常の場合にはこれを開けて、本丸東北面の防備ができるように造られています。平時は予備の武具などを納める倉庫として利用されていたようですが、現在は廊下門への通路となっており、隠し銃眼の存在が確認できます。

西多聞は長さ約一二・九メートル、幅約四メートルで、面積は四七・八平方メートル（約一四・五坪）です。東多聞よりは少し幅があり、内部を三室に仕切って畳を敷いた住宅風の造りになっています。解体修理のとき「本丸御番所」という墨書が発見されたことから、本丸を警備する武士の宿直室として利用されていたものと考えられています。

西多聞も外側の壁は総塗籠で西面に格子窓を五カ所、隠し銃眼を三カ所設けて、西側部分への備えとしています。

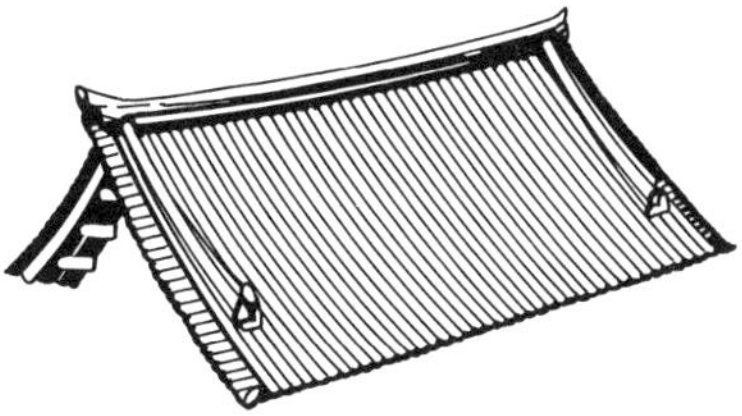

[切妻屋根]

桁行と梁間

建物の規模を表す場合、桁行《けたゆき》○間、梁間《はりま》○間という表現が使われます。この本では使いませんでしたが、例えば天守一階の場合、桁行八間、梁間六間と書かれています。

桁行というのは、大屋根と平行に並んで桁を乗せる柱の間《ま》の数をいいます。梁間は大棟に対し直角の方向の柱の間の数をいいます。

長さの単位では一間は六尺で一・八一八メートルと換算されますが、桁行・梁間の場合、一間の長さはいろいろあって、一定の長さではありません。

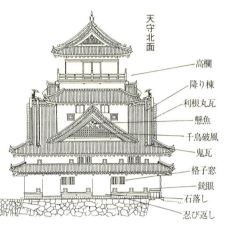

天守

本丸の中に天守台を築き、その上に天守を建てている例を多く見ますが、高知城の場合は、複雑な本丸の地形をうまく利用して、本丸の東部分の北面する石垣の上に直接立ち上げる形で建てられています。そのため、高い石垣が天守台の役目をして、東側追手門の方向から眺めたとき、石垣の上に抜き出たように優美に見えるように考えられています。

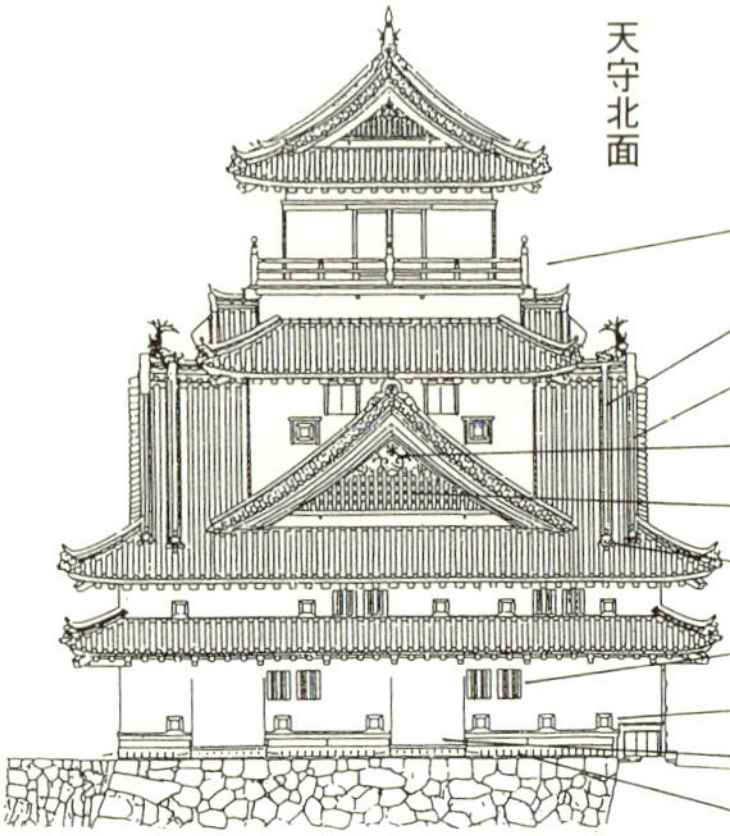

建坪は一六八・一八平方メートル（約五〇・九坪）、延べ面積四九九・八四平方メートル（約一五一・二坪）、高さは礎石上端より大棟頂上まで一八・五メートルとなっています。

四重六階ともいわれますが、構造上からは三層六階になっており、外観は四重で、内部は下重、中重、上重の三部分に区分され、芯柱はなく、井《い》

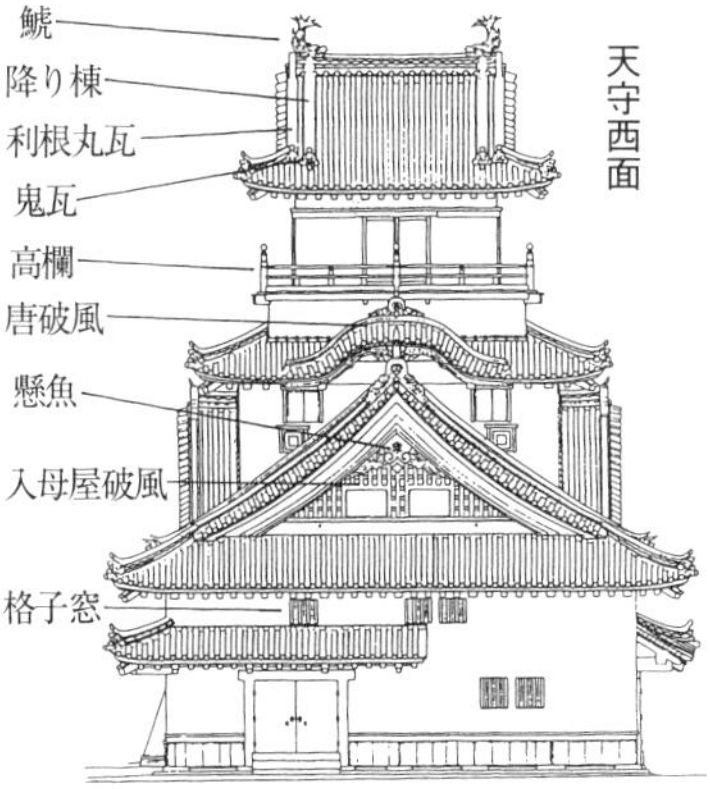

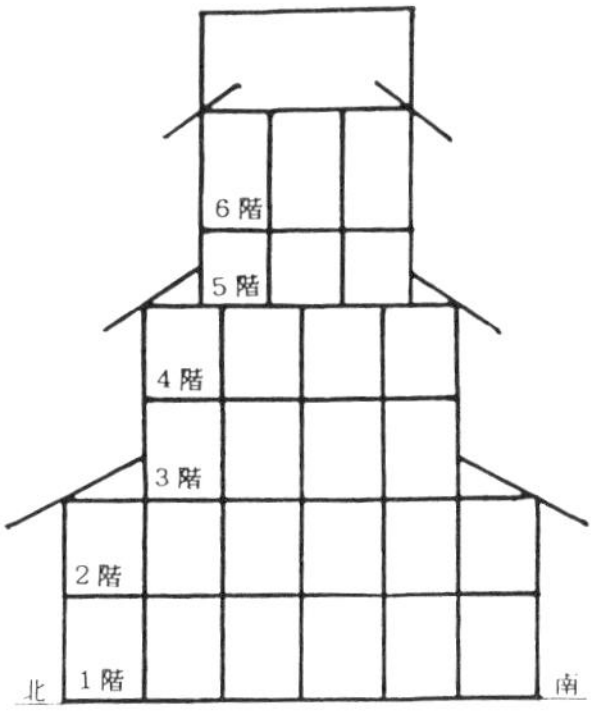

基本骨格図

原図『重要文化財高知城天守修理工事報告書』より

籠《ろう》組という構造で二階ずつ三段に積み重ねており、六階の最上階には回《まわ》り縁《えん》と高欄を巡らしています。

この様式は「櫓の上に高欄付きの望楼をのせた初期天守の外観意匠を見せる、復古様式の天守の代表的遺構である」(『建築史基礎資料集成』)と評価されています。

天守の様式について、山内一豊は遠州掛川のように高欄をつけようとしましたが、家老たちは四国はもちろん、他国諸藩の城も高欄はないので目立つ旨を忠言しました。そこで家臣岩田平蔵を使者として、徳川家康の許可を得て、一豊の希望通りに建築したといわれています。掛川城は安政の地震（一八五四）で崩壊しましたが、平成四年（一九九二）高知城を参考に木造で再建されました。高欄付きの望楼部分は高知城そっくりで、掛

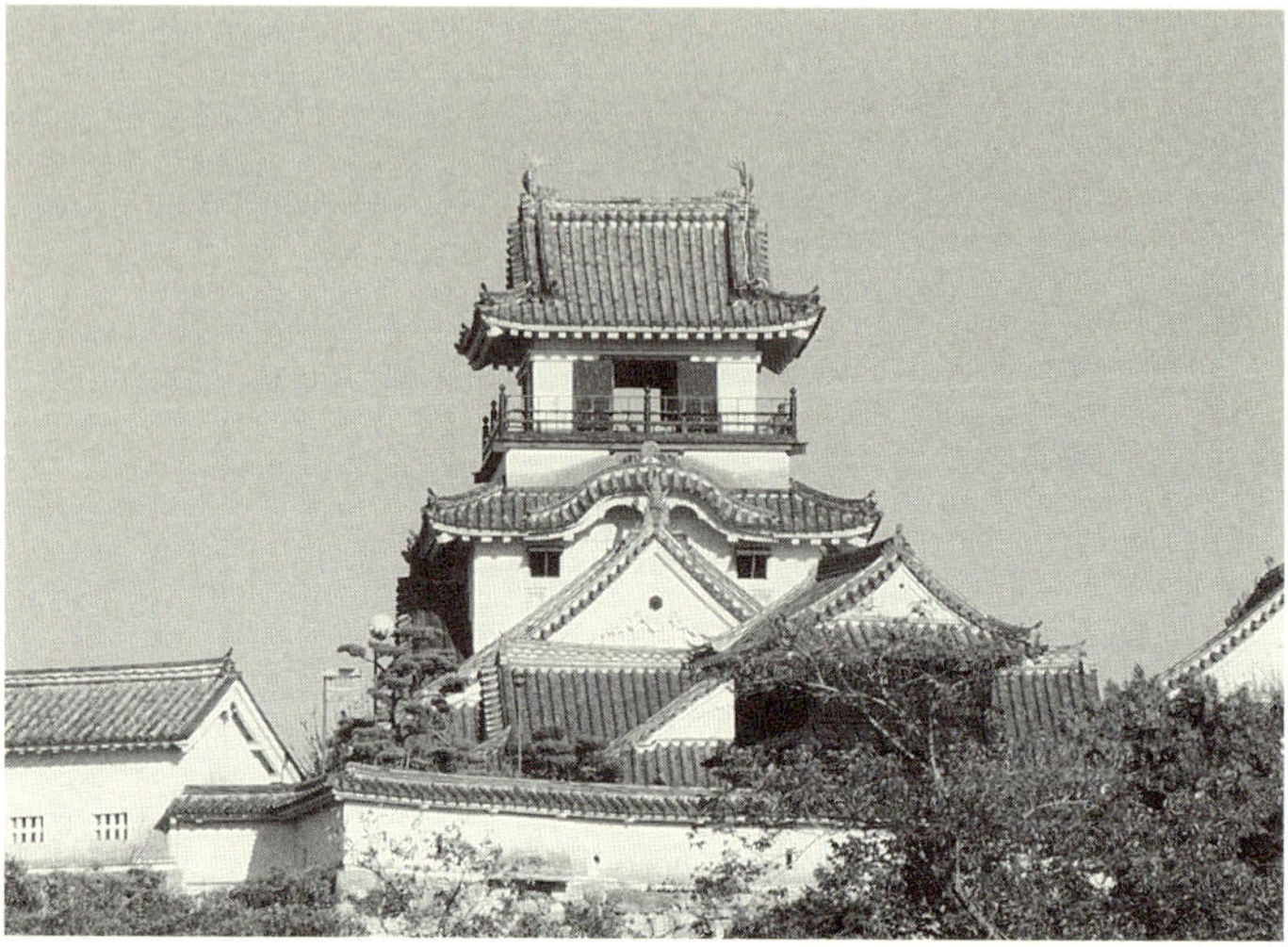

西方より望む本丸。左は西多聞

川へ里帰りしたわけです。
一豊創建の天守は享保一二年（一七二七）の火災で焼失し、二〇年後の延享四年（一七四七）に工事にかかり、二年を要して寛延二年（一七四九）八月に再建されたものですが、昭和二六年（一九五一）の解体修理の結果、礎石が全然据え替えられていないこと、当初の土台の配置と一致していることなどから、慶長創建のままに再建されたものであることが確認されました。

外観　一重には腰屋根を巡らしていますが、南面と西面のうち、本丸御殿に隠れる部分は省略されています。北面の土台及び石落しの框《かまち》には、槍先のように尖った鉄製の「忍び返し」が取り付けられて、石落しとあいまって石垣を登って来る敵に備えています。忍び返しが現存しているのは高知城だけといわれ、貴重な遺構です。

二重の屋根は東西に破風を向ける入母屋《いりもや》造りで、青銅製の鯱《しゃち》を置き、南北両面に千鳥破風を一つずつ据えています。三重の屋根は寄棟《よせむね》で、東西の軒に優美な曲線を描く軒唐破風《のきからはふ》を付けています。四重は南北に棟を通した入母屋造りで、棟飾りに青銅製の鯱を置いています。各重とも壁面、軒裏、破風などすべて白漆喰《しっくい》で塗り籠められています。

二重と四重の屋根の両端には、利根丸瓦を延ばして鬼瓦を付けていますので、降《くだ》り棟が二本あるようでにぎやかに見えます。また、軒の反りが大変美しく見えます。これは〝本木《ほんき》投げ〟という工法を用いているといわれ、この工法を取り入れることによって、同じ反り上がりでより力強い軒反りを見せることができるといわれています。こうした工法は土佐漆喰とともに、高知城だけに見られる独特の工法であり、再建のときに土佐の職人たちによって行われたものと考えられています。

高知城を東西の方向から眺めた場合、反りの

［千鳥破風］

［唐破風］

ある入母屋屋根と高欄を巡らした望楼部分、ゆるやかな曲線を持つ唐破風、さらには大屋根の入母屋破風と、その取り合わせは見事で、小規模ながら、南海道随一の名城といわれるに値する風格を備えています。

内部一階・二階　一・二階は柱間東西八間、南北六間となっていますが、柱真々《しんしん》で一間を東西は一・七五七メートル、南北を一・九九六メートルとしていますので、東西は約一四メートル、南北は約一二メートルとほぼ正方形に近くなっています。いずれも板敷きで天井はなく、太い梁を渡して上段の床板を支えています。

一階には二重扉の出入り口が西と南に設けられており、南は本丸御殿の天守取合《とりあい》ノ間に、西は御殿の溜《たまり》ノ間に通じています。二階に上るための急勾配の階段が二カ所に設けられています。格子窓は東と北に各二カ所、西と南に各一カ所の計六カ所あり、銃眼は北面に六カ所、石落しも北面に二カ所設けられています。

一階は特に通気に気を配っており、出入り口や石落しを除く間柱間の土台上に換気孔が設けられています。また、砲弾による破壊から守るため、床上二・一メートルの高さまで壁面に玉石が充填されていました。

二階は一階と同じ面積で、周囲の柱も一階と共通ですが、一部は三階への通し柱となっているものもあります。格子窓は東・西・南・北に各二カ所で、計八カ所設けられ、銃眼は東三カ所、北五カ所で計八カ所、階段は一カ所で、一階からの階段よりやや狭くなっています。

三階・四階　三・四階は東西、南北とも各四間となっていますが、一間の間隔が一階・二階の場合と同じく南北の方が広いため、東西は約七メートル、南北は約八メートルとなっています。三階は板敷きで、大屋根の下を利用して破風の間を設けており、一段高い部分には梯子《はしご》を架け、窓から伏射できるようにしています。窓は東西の入母屋の妻部分に各二カ所、南面の妻部分に明かり取り二カ所があります。

破風の間の南北の下段には板戸の付いた小部屋があります。これは武者隠しと見られており、三階に攻め上ってきた敵を奇襲するための隠れ場所という説があります。この階も板敷きで天井はなく、梁で直接四階の床板を受けています。柱は一部二階と共通のものがありますが、大部分は四階と共通のものです。階段は一カ所です。

四階は周囲に畳寄せがあり、二八枚の畳が敷かれていました。五階の床板を受けている梁も良材を入念に仕上げ、四面の柱には飾り金具付きの長押《なげし》を施しています。四方の壁は紙張りとなっていますが、昔は襖絵が書かれていたと伝えられているなど、三階までと違って装飾が施されていたようで、藩主登閣の場合の控えの間として使われたと思われます。

東・西・南・北に各二カ所の突き上げ戸のついた窓と、同数の銃眼が設けられています。階段は一カ所です。

五階・六階　五・六階は三間四方で東西・南北とも柱間隔は同じですが、なぜか四階までとはまた違って中央一間が一・六九二メートル、両脇が一・六九メートルとなっています。

五階は押し入れのような構造で、床から梁までの高さも低く、窓もなく、六階への階段があるだけです。居住性はなく、物置き程度にしか利用できない構造です。

六階外側の四面には回《まわ》り縁《えん》を巡らし高欄を付け、擬宝珠《ぎぼうじゅ》のついた八本の親柱を用いて意匠を凝らしています。

天井は格《ごう》天井の白木造り、柱の上部には長押《なげし》を付け、四方の窓は内側に両開きの明かり障子を入れ、外側は黒漆《うるし》塗りの雨戸二枚を入れています。六階は藩主が登閣した場合の御座の間になるため、〝鳥の子紙〟と呼ばれる良質の壁紙を張り、畳一二枚が敷けるようにするなど、入念に造られています。

六階の回廊からの眺めは格別で、その昔は深く入り込んだ浦戸湾や、南北を流れる鏡川、江ノ口川に浮かぶ船も見えていたことでしょう。現在も南の筆山、東は五台山から紀貫之船出の地大津方面まで遠望することができます。四方に広がる高知の市街地を眺めながら、吹き渡る風にしばしの間、二四万石の殿様の気分を味わうのもよいものです。

本丸御殿（懐徳館）

本丸御殿は現在「懐徳館《かいとくかん》」というのが正式名称になっています。これは明治六年（一八七三）高知城が公園になるとき天守を「咸臨閣《かんりんかく》」、本丸御殿を「懐徳館」と名付けたことに由来します。以後昭和九年（一九三四）に高知城が国宝に指定されたとき、「咸臨閣」は天守という名称にしていますが、御殿の方は「懐徳館」という名称が使われ、現在の重要文化財の指定でも同じく「懐徳館」として登録されています。しかし、城郭の付属建築物としては天守に対して「本丸御殿」と呼ぶべきだと思いますので、ここではその名称で話を進めることにします。

もともと、いずれの城郭でも本丸御殿は籠城などのときの用意として、本丸の縄張り作事には欠かせないものでありましたが、江戸時代になると、小高い丘の頂に天守を設ける形式の平山城では、登城に不便な本丸御殿をやめて山麓の平地に御殿を造るようになりました。現在全国の城郭遺構のうちで、天守に本丸御殿が接続する古い形を残しているのは高知城だけであり、貴重な遺構です。

上段ノ間と手前二ノ間（本丸御殿）

面積は三六一・七平方メートル（約一〇九・四坪）、本瓦葺き平屋建て。式台廻り、正殿、納戸蔵からなっています。本丸の諸建造物と同時に建築され、享保の大火で焼失、寛延二年（一七四九）に再建されたものです。

当初、慶長八年（一六〇三）八月に本丸が完成して、山内一豊が浦戸から移転してきたときは、まだ二ノ丸御殿は工事中で、一時期、一豊夫妻は本丸御殿に住んでいました。

本丸御殿には、明治一二年（一八七九）から高知書籍館が置かれました。現在の県立図書館の前身で、のち高知図書館と称し同二九年に移転しました。大正二年（一九一三）以降は歴史参考品、美術・工芸品などを陳列していましたが、昭和三四年（一九五九）解体修理完了後はもとの姿に戻されています。

式台廻り　式台廻りは西向きの玄関、式台ノ間、溜《たまり》ノ間、九畳ノ間、四畳ノ間があります。玄関は屋根面が上向きに反っている〝起《むく》り屋根〟と呼ばれる屋根で、本丸御殿らしい風格を漂わせています。正面頭貫《かしらぬき》（横木）の上には、透《すか》し彫りで山内家の「丸三葉柏紋《まるにみつばかしわもん》」が三個取り付けられています。板敷きの玄関を上がった所が一三畳の式台ノ間で、正面に畳二枚分の大床をとって、来客の公式な送迎の場所としての威厳を備えています。西南部分には内玄関が設けられていて、身分によって出入りも区別されていたことがうかがわれますが、現在は見学者用の下駄箱でふさがれています。

式台ノ間の北側は、天守西入り口に通じる七畳半の溜ノ間です。ここは家臣の待機の場所です。南側の九畳ノ間は正殿への通路、四畳ノ間は控えの間として使用されたと考えられます。

正殿　正殿は書院造りの建物で、各八畳の上段ノ間と二ノ間、一畳の茶所を付属した一二畳の三ノ間、一二畳の四ノ間、四畳の納戸、三畳二室、板ノ間、便所、天守取合《とりあい》ノ間があり、東側と南側には畳敷きの通り間、その外側に板縁が設けられています。

正殿の上段ノ間は一段高くして、北側に床ノ間、その左に天袋と違い棚を付けた脇床があり、東側は付書院として変形の花頭窓《かとうまど》に明り障子四枚を入れています。障子の上には稲妻形の欄間がはめ込まれています。西側は帳台構（納戸構）となっていて金箔押しの扉が付けられています。天

本丸御殿（懐徳館）平面図

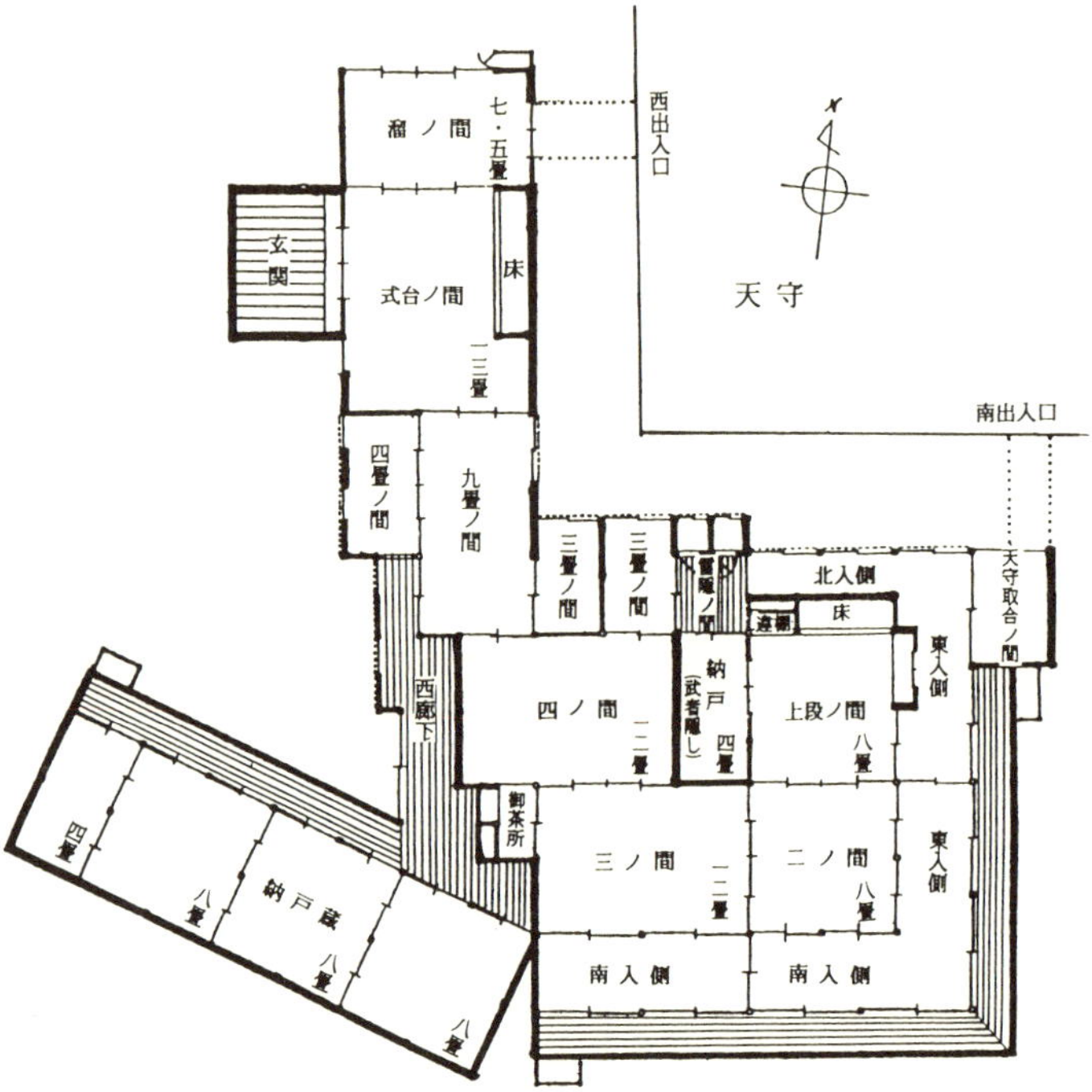

原図『重要文化財高知城（第三期）修理工事報告書』より

井は黒漆塗りの木を四角に組んだ格天井《ごうてんじょう》、二ノ間境や床ノ間の框《かまち》なども黒漆塗りとし、各所に「丸三葉《まるにみつば》柏紋《かしわもん》」の釘隠しを置き、規模は小さいながら典型的な書院造りの部屋飾りとなっています。

納戸構えは一名「武者隠し」と称し、万一の場合に備えて、警護の武士が詰めていた場所です。二ノ間、三ノ間とそれを取り巻く通り間、板縁の部分を含めて、家臣の身分に応じて、着座する場所が厳格に定められていました。

三ノ間に付属する一畳分の御茶所には本炉を切ってあり、西面の壁に天袋、中棚、地袋を設けています。

各室を区切る欄間は、それぞれ工夫を凝らして変化をつけています。中でも二ノ間と三ノ間を仕切る欄間は〝打ち分け波の欄間〟と呼ばれ、現代にも通用するようなシンプルな彫刻です。これは土佐の左甚五郎と呼ばれた武市甚七の作とされています。

創建当時の本丸御殿は、床ノ間に中国歴代帝王の事跡を描いた「帝鑑図」が描かれ、襖は金箔張り、壁紙や小襖、障子の腰板などにも山水や唐子《からこ》、草花などの障壁画《しょうへきが》が描かれていたといわれますが、再建当時は財政的にも逼迫しており、また公式の対面場所としては二ノ丸、三ノ丸御殿が使われたこともあってか、全体として質素な造りになっています。

納戸蔵　納戸蔵は八畳三室と四畳および縁側からなっていますが、南面は本丸の外壁の一部を構成しており、白漆喰《しっくい》仕上げで五個の小窓が設けられています。

古い記録では納戸の部分を「御長局」と記してあるものがあり、一豊夫妻が本丸御殿に住んでいた一時期は、この部分をお付の女中たちの住居として使用していたと見られています。

打ち分け波の欄間と武市甚七

二ノ間と三ノ間の間にある欄間は、高知城修理報告書では「波型刳抜《くりぬ》き欄間」と表示されていますが、「打ち分け波の欄間」とも呼んでいます。

この欄間の作者は土佐の左甚五郎と称された武市甚七（一七二二～一七七六）の作といわれています。甚七は通称で本名高朋、号は万里または永年。高知城下に住み、竹籠細工を業としながら彫刻に長じ、土佐の左甚五郎と称せられました。八代藩主山内豊敷《とよのぶ》の根付を彫って気に入られ、三ノ丸御殿の欄間も首尾よく仕上げたので苗字を許されました。この欄間のうち沢瀉《おもだか》に鴛鴦《おしどり》を配したものは、現在納戸蔵に展示されています。これと比較しますと「打ち分け波の欄間」はその作風にあまりにも大きな違いがあることから、あるいは別人の作ではないかとも考えられています。

本丸御殿内には、このほか各所に欄間が取り付けられています。名称は『高知城修理報告書』に書かれているものですが、参考にしながら観察してください。

上段ノ間東側　稲妻型欄間
上段ノ間と二ノ間境　菱型欄間
二ノ間の東側と南側、三ノ間南側　格子欄間
三ノ間と四ノ間境　吹き寄せ欄間

波型刳抜き欄間（打ち分け波の欄間）

櫛型竹の節欄間（正殿入側）

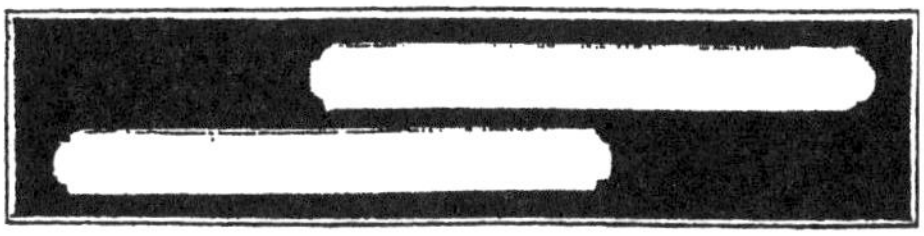
雲型刳抜欄間（式台廻り）

黒鉄門

黒鉄門《くろがねもん》は二間一口の櫓門で、本丸の裏門です。黒鉄門という名称は、階下の柱や扉などの外側面に鉄板が一面に打ち付けてあり、外観が黒塗りの板張りになっていることからつけられたものです。

本瓦葺き入母屋《いりもや》造り二階建てで、建坪一五・四四平方メートル（約四・六七坪）。一階部分の庇《ひさし》は、追手門と同じく黒塗りの板庇としています。享保の大火で焼失後、本丸の他の建築物に先がけて、三年後の享保一五年（一七三〇）に再建されたものです。

一階の扉部分は西に片寄っており、東部分の内側は番所のように見えますが、間仕切りの板や床を張った形跡もないことから、単に二階に上がる梯子《はしご》を据える部分であったと見られていますす。二階は南・西・北の三面に各二カ所の格子窓を設けて、敵の攻撃に備えるようにしており、外側扉の上部に桁を出して〝石落し〟を設けています。図面によると、この石落し部分の敷板には、タンスの取っ手のような金具をつけて引き揚げるようにしており、追手門の石落しとは違った形式です。

この建物は軒の反りも出も少なく、屋根の垂《たる》みも少ないなど、追手門や天守などに見るような

黒鉄門。右塀下に長押型水切り

優美さには欠けますが、鉄板で固めた黒塗りの姿は、搦手《からめて》への備えとしての威容を見せています。

長押型水切り

黒鉄門の外側の塀裾を注意してみてください。「長押《なげし》型水切り」と呼ばれる水切りが付けられています。雨の多い高知城ならではの独特なものであるといわれており、石垣に雨水が入らないよう、本丸外側の塀や建物の裾を取り囲んで付けられています。

高知城の抜け穴・忍び道

古城にはよく抜け穴や黄金埋蔵などの伝承があるようです。高知城の場合もいろいろな話が伝わっております。『土佐美術史』などの記述から「抜け穴」「忍び道」に関する部分をまとめてみました。真偽のほどは分かりませんが、夢を追ってみるのもまた楽しいでしょう。

- 獅子ノ段乾櫓のあたりには、小高坂方向に行く抜け穴が設けてあったと伝えられるが、いまだ遺蹟が発見されない。
- 御台所屋敷の北は白亜の塀で、八幡宮の社前に出る潜り門があって、忍び道がついていた。
- 天守の下層室の北の東に、千人雪隠と呼ばれる石を畳んだ深さ数丈の穴があったことが旧記に載っているが、今はない。抜け穴ではないか。
- 詰門下の東南隅には、梯子《はしご》をかけて階上橋廊下東南隅の敷板を三尺四方の間切り抜き、下方の梯子と連続し、一朝事ある時は階上より下へ抜け穴となっていた。
- 二ノ丸の築山の少し東には、南方に獅子ノ段すなわち今の梅ノ段へ下るために抜け道があった。それは石垣の上に真っすぐに梯子を南へ架け、左右を塀で囲み忍び道すなわち抜け道としてあって、容易に獅子ノ段へ下るようにしてあった。

●一階の敷板の下に大きな抜け穴があるとか、大判小判の黄金を隠してあるとかの噂があったが、戦後解体修理の時に、抜け穴や大判小判などは見つからなかった。

（この項は橋詰延寿著『高知城』より）

本丸の日時計

天守玄関前の芝生の中にある日時計は、設置された時期なども全く不明です。調査をされた天文家岡村啓一郎さんによりますと、石の面に刻んである線は正確に南北を指しており、投影用の棕櫚《しゅろ》の紐の角度は四〇度、使っている石は砂岩だということです。

石の風化の具合から、二百年ぐらい前のものと考えられ、寛政年間（一七八九～一八〇〇）とすれば、暦学者で時計師の細川半蔵（一七四八～一七九六、現南国市出身）の活躍した時期にあたりますので、彼が手伝ったのではないか。その頃すでに振り子時計が使われており、高知城にも当然あったはずですが、中央標準時や時報はありませんので、日時計を利用して、正午で振り子時計の時刻調整をしていたのではないか、という見方や、藩士の科学教育のため、あるいは藩主がアマチュア天文暦学家であったために設置したのか、などと、いろいろ想像されております。

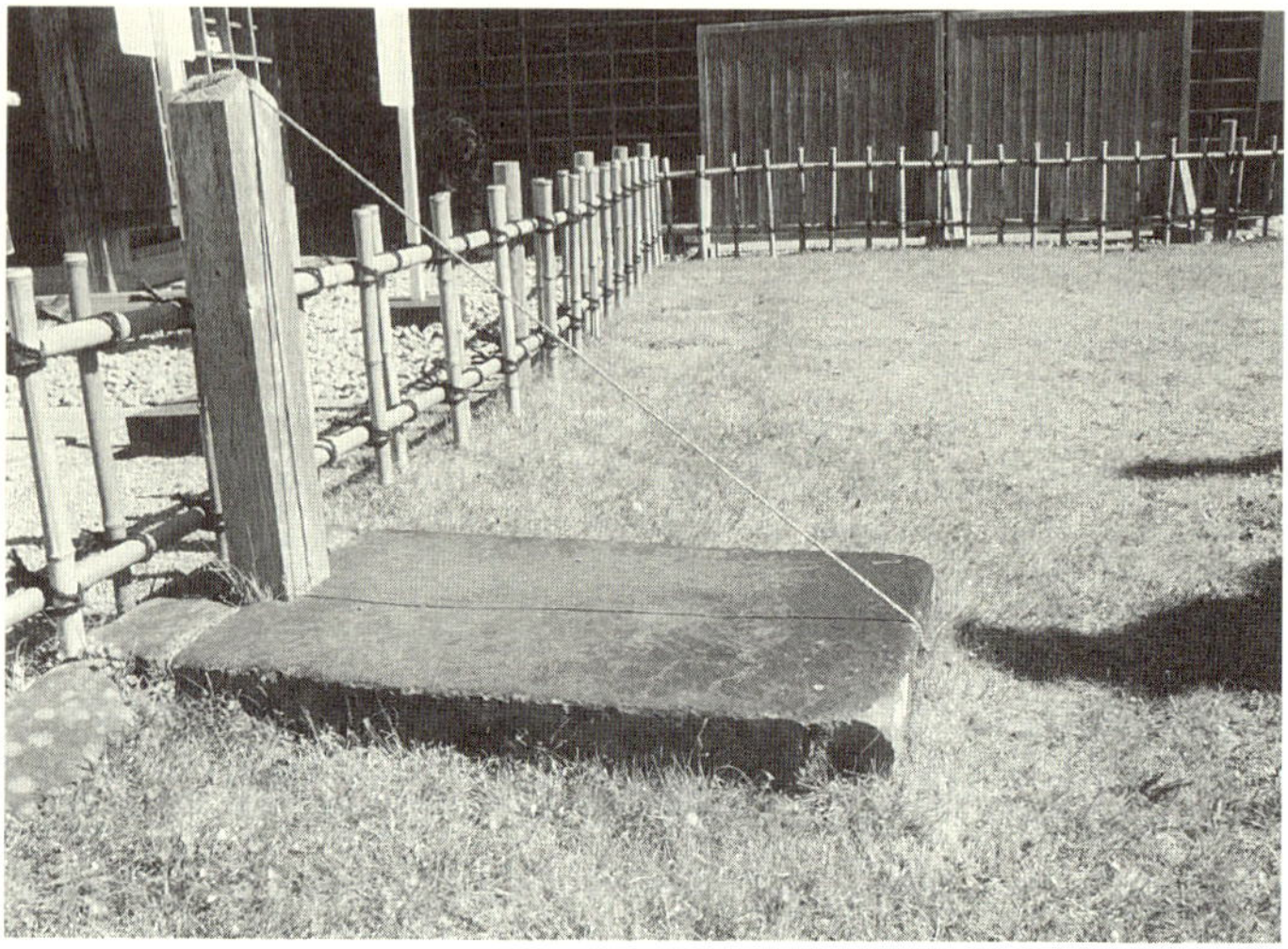

本丸の日時計

土佐には細川半蔵以前にも暦学者がおり、川谷薊山《けいざん》（一七〇六～一七六九）は日食を予測して的中させ、その前の谷秦山《じんざん》（一六六三～一七一八）は、日時計を使っていたといわれておりますので、案外古いのかもしれません。

正午にはほとんど正確に、紐の影と石の面の線が一致します。あまり目立たないところにありますが、天気の良いときに本丸に上られたら、ぜひご覧になって、想像をたくましくしてみてください。（標準時との時差については五八頁の記事を参照してください）

鯱

鯱《しゃち》は、古代以来寺院の屋根に取り付けられていた鴟尾《しび》の発達したもので、中国の伝説に基づく想像の魚です。胴体は魚の形で、頭部は竜あるいは獅子・鬼などの形に意匠されます。鴟尾は海中の魚で、よく水を吹き浪激しく雨を降らせるために、火災を特に恐れる城郭建築の屋根に火災除けのまじないとして用いられるようになったものです。鉾のように逆立ちしていることから、俗に〝鯱鉾《しゃちほこ》〟ともいいます。

城郭に用いられるようになった初めは、安土城天守からと考えられ、以後普及して各地の城郭に用いられるようになりました。

雌雄一対になっており、棟の向きが南北の場合は、南が雄で北が雌、東西の場合は、東が雄で西が雌というのが原則となっています。阿吽《あうん》の組み合わせで、雄のほうが口を開き、雌が口を閉じています。

鯱には瓦や銅の製品がありますが、福井県丸岡城は石の鯱であるといいます。高知城では追手門の鯱は瓦、天守の上重、下重の計四個の鯱は青銅製で、いずれも形が整っていて美しい鯱です。天守の鯱は、宝暦七年（一七五七）と寛政四年（一七九二）、いずれも七月二六日に大暴風雨で墜落し、明治三二年（一八九九）七月にも墜落しています。寛政四年のときは、鉄門の上段左手にあった横目（役人）の控所の屋根を貫きました。この話には尾ヒレがついて、江ノ口川の北まで飛んだと言いふらされたそうです。

懸魚・鬼瓦

懸魚《げぎょ》というのは、棟木や母屋桁《もやけた》の木口部分を隠すために取り付けられた装飾的彫刻です。屋根の切妻部分の合掌部（三角形の頂点）を拝《おが》みといいます。拝みの部分に取り付けたものを拝懸魚《おがみ》・主《おも》懸魚、破風の途中に付くものを脇《わき》懸魚・降《くだり》懸魚または桁隠《けたかく》しと呼びます。また、唐破風《からはふ》の拝みに付くものを兎毛通《うのけどお》しと呼んでいます。

懸魚は、その形式によって、次のように分類されています。

猪《い》の目懸魚

ハート型またはひょうたん形の切り込みのある懸魚。その形が猪《いのしし》の目に似ていることから付けられています。

本丸御殿玄関鬼瓦

梅鉢懸魚(詰門・鉄門・西多聞)

黒鉄門鬼瓦

蕪懸魚(本丸御殿)

本丸御殿玄関鬼瓦

蕪懸魚(追手門)

本丸御殿玄関鬼瓦

蕪懸魚(本丸御殿玄関)

蕪《かぶら》懸魚

輪郭は猪の目懸魚と同じですが切り込みはなく、下部に左右の巻き込みに合わせた彫り込みが重なっているもの。

三つ花懸魚

蕪懸魚を三つ合わせたように、下向きのほか左右にも同じ形が突き出ているもの。

梅鉢懸魚

外形六角形に近い形の懸魚。

鬼瓦は棟の端を隠すとともに、一種の魔除けとして置かれたものですが、棟の端に置かれたものは鬼の形をしていなくても鬼瓦と呼びます。鬼板といって板状のものもあります。

高知城の大棟や降《くだ》り棟の端にもたくさんの鬼瓦が取り付けられていますが、よく見ますと角の向きや顔の表情がさまざまで、変化に富んでいます。また、山内家の家紋「丸三葉柏紋《まるにみつばかしわもん》」の鬼瓦も使われています。懸魚とともに観察してみてください。

天守北面の石落しと忍び返し

石落し・忍び返し・格子窓

天守一階部分の北面には石落しと忍び返しが残されており、本丸を囲む矢狭間塀にも要所に石落しが設けられています。忍び返しが完全な形で残されているのは珍しく、城郭関係の書物にもよく高知城のものが紹介されています。

また、各所に設けられている格子窓の桟は、平面図のように枠に対して菱形に取り付けられていますす。平行に取り付けた場合と比べますと間隔は狭くなりますが、内側から銃などで狙う場合は、格段に広角に見ることができます。こ

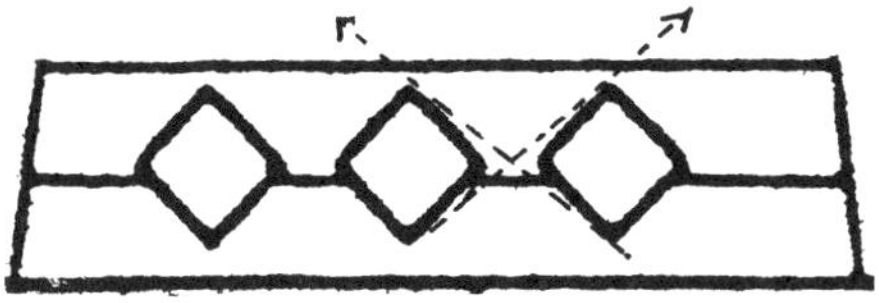

んなところにも細かな工夫がされていることが分かります。

本丸下の段と鐘撞堂

鐘楼のある場所は本丸の南に当たり、藩政時代はこの広場の南に沿って太鼓櫓と多聞櫓が建てられて、それらを矢狭間塀でつないでいました。搦手《からめて》門から上る場合は黒門を通って右に折り返し、本丸一ノ門を抜けてこの広場に着きますが、本丸までにはさらに本丸二ノ門と黒鉄門を通らなければなりません。ずいぶん厳重な警備が行われていたものです。

鐘撞《かねつき》堂は最初二ノ丸の近くにありましたが、二代藩主山内忠義の継室青巌院から鐘の音がやかましいと苦情が出たため、杉ノ段の東南の太鼓丸に移転しました。皮肉なことに、以来二ノ丸では時の鐘が聞こえなくて、不便になったと書かれています。

明治八年（一八七五）六月には本丸内の黒鉄門の北側に移され、戦後になって現在の場所に移転、都合三回も移転したことになります。屋根は一般の民家と同じ桟瓦《さんがわら》葺きの入母屋《いりもや》造りです。なお、この建物は重要文化財の指定を受けていません。

土台石の中に「工人　常太良　辰吉」と文字が刻まれた石があります。工人というのは石切り職

3回移転して本丸下の段に落ち着いた鐘撞堂

人のことであるという説がありますので、この土台石を切り出した職人が刻んだものと思われます。

釣鐘は直径七一・二センチ、高さ一二一・二センチで、「享保四 己《つちのと》亥《い》歳十一月廿六日治工摂州大坂住《（ママ）》伊場勘右衛門尉藤原就友」と銘があり、六代藩主山内豊隆の代の享保四年（一七一九）に鋳造されたものであることが分かります。

『高知公園史』によりますと、宝暦三年製の鐘の響きが悪いため、天保五年（一八三四）一月から、以前の通り享保一二年（一七二七）末鋳造の鐘に替えたとあります。その上、『土佐美術史』には、釣り下げてあるものと同大・同型の鐘があって、それには「明和七年庚寅《かのえとら》歳十一月廿二日摂州大坂住治工岸本仁右衛門藤原吉久」と銘があると書いてあります。これで見ると、現在のもののほかに三個もの鐘があったことになりますが、その後どうなったのでしょうか。

明治四年（一八七一）五月と、五年一一月に鐘の撞き方を変更した、という記録がありますので、維新後も定時に鐘の音が響いていたことでしょう。

太鼓丸

太鼓丸は高知城の南端、現在の高知県議会議事堂の北側にあたる、急な崖の上にありました。ここは上下二段になっており、上の段には五坪（約一六・五平方メートル）の鐘撞《かねつき》堂があり、下の段にも三坪（約九・九平方メートル）の建物がありました。明治八年（一八七五）鐘撞堂が本丸に移転した跡に、宜休亭と亡帰亭という二つの東屋《あずまや》が建てられ、高知公園一一景に選ばれて、市民に親しまれたようです。これらの建物は明治一九年、台風のため倒壊、その後花月亭という料理旅館が建設されていました。現在はそれらの建物もなくなり、市民の憩いの場として整備されています。

本丸から西へ下る

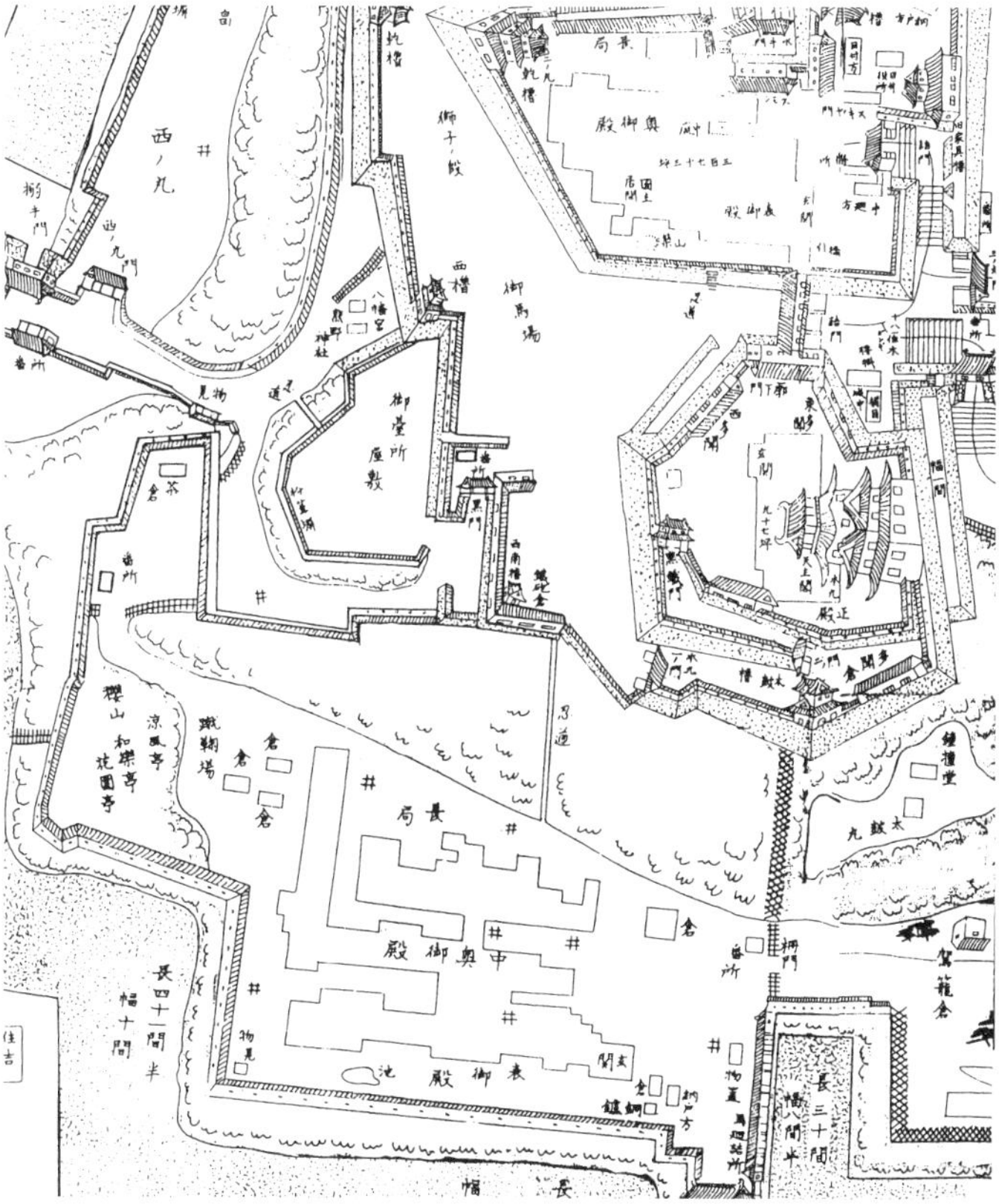

本丸西・南方面略図

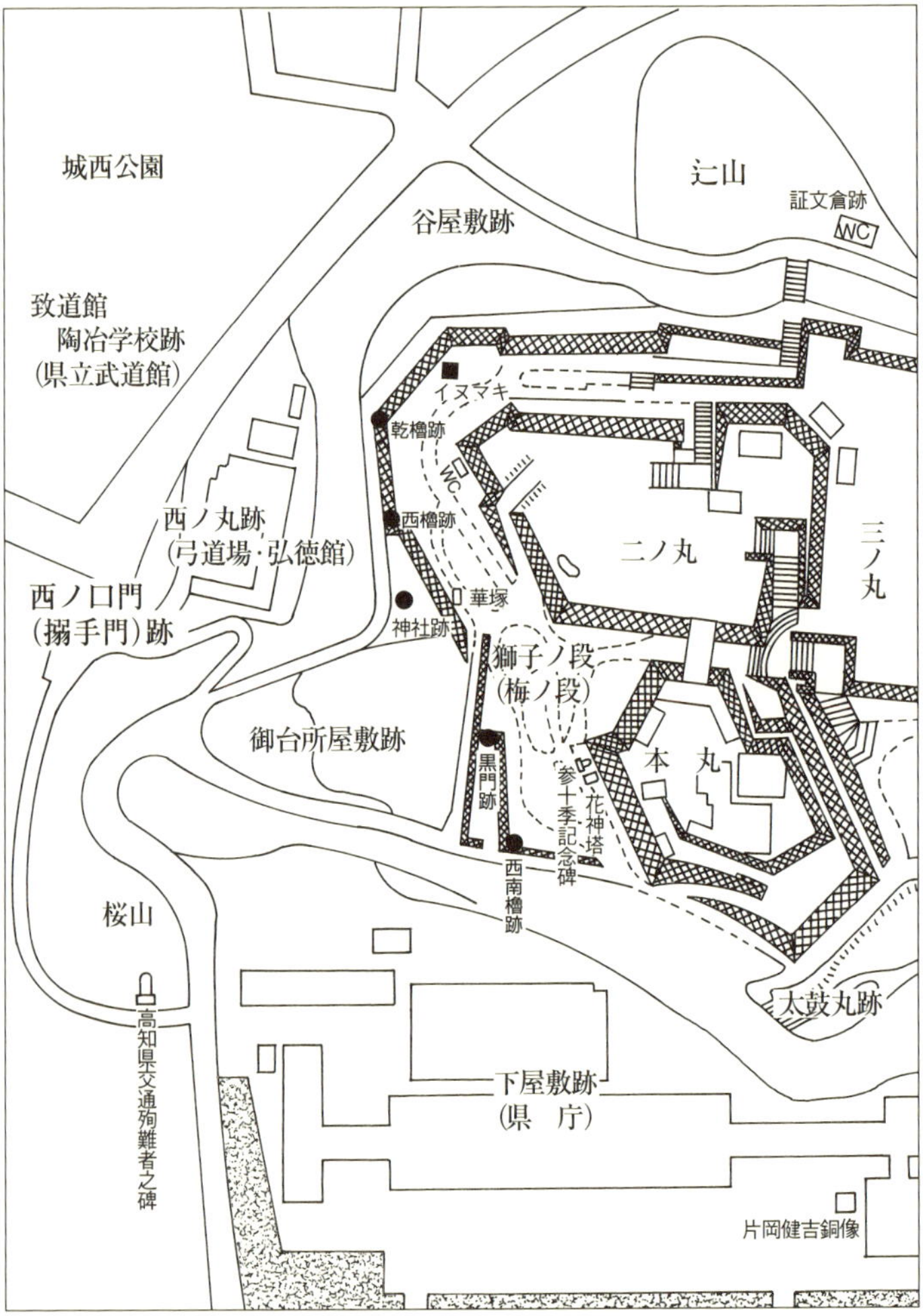

城西公園
谷屋敷跡
詰山
証文倉跡
WC
致道館
陶冶学校跡
(県立武道館)
イヌマキ
乾櫓跡
WC
西櫓跡
西ノ丸跡
(弓道場・弘徳館)
西ノ口門
(搦手門)跡
華塚
神社跡
二ノ丸
三ノ丸
獅子ノ段
(梅ノ段)
御台所屋敷跡
黒門跡
本丸
参十季記念碑
花神塔
西南櫓跡
桜山
太鼓丸跡
高知県交通殉難者之碑
下屋敷跡
(県庁)
片岡健吉銅像

獅子ノ段（梅ノ段）

獅子《しし》ノ段は本丸の西側に位置し、搦手門《からめてもん》から黒門を通って本丸への道筋に当たるため、防備の上では重要な位置を占めています。そのため石垣上には矢狭間《やざま》塀を巡らし西南櫓、西櫓、乾《いぬい》櫓と三棟の櫓を配置していました。また、黒門を北に向かって入ると本丸への方向を見失い、詰門の方向に進むと、本丸と二ノ丸から側面攻撃を受ける形になります。本丸一ノ門は石垣で見えない位置にあり、ここも本丸への道を誤らせる巧妙な縄張りとなっていたといわれています。乾櫓のあたりには、城外の小高坂に通じる抜け穴があったと伝えられています。

公園化ののち道路が造られ、このあたりは大幅に改造されて、石垣にまで手が加えられました。黒門付近も石垣で塞がれたといわれ、その位置さえもはっきりしなくなっているのは残念です。かつてここには馬場があって、藩主が二ノ丸から通じる階段を使ってこの段へ来て、心身の鍛練をしました。馬場の隅に梅の老木があって「勇《いさみ》獅子」と名付けられていたようですが、公園になるとき全体に梅を植えて「梅ノ段」と称するようになりました。

巨木ガイド③ イヌマキ

梅ノ段東北隅にあり、周囲四・五メートル、樹高二〇メートル、樹齢は四〇〇年と推定されています。（平成四年刊『高知市の文化財』）四国・九州では庭園木として植えられる木ですが、この木は県内でもほとんど見かけない巨木であるといわれています。

花神塔・華神塔参十季記念碑

花神塔は明治三〇年（一八九七）七月二八日、竹村與三兵衛・小島本平の申請によって建立したものです。左側にある華神塔参十季記念碑は、大正一四年（一九二五）五月一〇日に建立されたものです。

花神塔の方は、裏面に主催として貞雨齋一翠・春暁齋一星・貞月齋一橋の名があり、続いてたくさん名前が刻まれ、最後に外四百六十名とありますが、全体に剥落が激しく、読み取れない部分が多くなっています。

花神塔（右）と華神塔参十季記念碑（獅子ノ段）

参十季記念碑の方は、主催者として真道遠州流の揚月齋竹村一橋・揚桂齋立石一有・揚旭齋渡邊一華・利根清常、晴山流の稱空庵竹内映雅・金華庵石丸瓶雅、青山御流の陽春亭寺尾詠雅の名があります。

そのほか、青山流・青山御流・遠州流・惟神古流・正風遠州流・松月堂古流・遠州流・真道遠州流など各流派の七八人の名が刻まれています。

華塚

この華塚は、昭和三六年（一九六一）華道士峰流の創始者立石一有（一八八五～一九五一）を顕彰するために建立されたものです。

華塚（獅子ノ段）

立石一有は高知市に生まれ、正風遠州流の竹村與三兵衛（一橋）について「いけばな」を習い、師の模索していた応用花型の創作を継承して、自由花としての基本花型を完成し師の俳号「士峰堂鶯橋」から「士峰流」と名付けたといわれています。

昭和二六年没。六六歳。

碑文（背面）
華道士峰流創始者立石一有宗匠の功徳を顕揚し併て花心慰霊の碑として建之
昭和三十六年十一月
士峰流会員一同
有志　一同

御台所屋敷跡

通常「みだいどころやしき」と呼んで、藩主の奥方の住んでいた場所と誤解している向きもあるようですが、「みだいどころ」と呼ばれるのは徳川将軍家の正夫人の尊称であって、大名の妻を「みだいどころ」とは呼ばなかったようです。この場所の呼び名は「おだいどころやしきあと」と呼ぶのが正しいと思います。

古い絵図面を見比べてみますと、慶安四年（一六五一）の絵図には「御台所屋敷」がなく、寛文九年（一六六九）以後のものには、この曲輪《くるわ》を取り囲んでいる塀や石垣が記載されており、「御台所屋敷」と表記してあるものもあることから、絵図面が正しければ、この間に造られたと判断されます。しかし、本丸・二ノ丸などの建物の俯瞰図《ふかんず》が書かれている図面でも、この部分は空白になっておりますので、いつの時期にどのような規模の建物があったのかということは分かっていません。

『高知公園史』には、明治二五年（一八九二）中島町の上杉友太郎という者が借り受けて桃の木を植えていたと記録されておりますが、昭和二五年（一九五〇）から平成五年（一九九三）までは高知市立動物園として、小規模ながら市民に親しまれていました。動物園移転後の同年七月から高知県教育委員会による発掘調査が行われ、続いて翌年七月から一〇月にかけて㈶高知県文化財団埋蔵文化財センターによる発掘調査が行われました。調査報告書によりますと柱穴・溝跡・礎石・石垣・搦手門につながる忍び道の跡などの遺構群が確認され、陶磁器・瓦・魚や獣類の骨などが出土しました。遺構では戦国時代以前のものと江戸時代のものが重複、混在しており、出土遺物も中世（鎌倉～戦国時代）の土師質《はじ》土器、瓦質土器、銅銭などや近世（江戸時代）の焼塩壺・輸入陶磁器などのほか、一括廃棄されたと思われる多量の瓦などがありました。またタイ・キジ・シカの骨、貝類なども発掘されました。

この場所が生活空間として使用された可能性は、大高坂松王丸が活躍した南北朝時代（一三三六～一三九二）までさかのぼって考えられますし、江戸時代に御台所屋敷が存在した期間、性格などについては、今回の調査でも結論は得られませんでした。二ノ丸・三ノ丸の御殿には、それぞれ台所が付属していたことが記録にありますので、この場所では下ごしらえまでを受け持ったのか、あるいは大掛かりな給食の場合の賄い所といったことも考えられます。

西ノ口門（搦手門）跡

搦手門《からめてもん》は城の裏門で、高知城の場合「西ノ口御門」あるいは「西大門」とも呼ばれていました。重層の本瓦葺き入母屋《いりもや》造りの建物で、東西の長さ約一五・五メートル、追手門の約三分の二ぐらいの広さで、両側の石垣に桁を載せて北向きに建てられていました。門を出たところの山裾の道路は堀のあったところで、左に向かって橋が架けられており、西に向かう道路を西弘小路と呼んでいました。

石垣の高さは約二・七メートルと記録されていますが、維新後地面を埋め上げたらしく、石垣が低くなっていて、その面影をとどめていません。

この門は藩主が在国しているときだけ、朝の六時から夕方の六時まで開けていました。そして、毎年九月一日から一〇日までの間、城内の八幡宮へ参拝の者は、男子に限り誰でも通行することが許されていました。

門の内側の番所は、浦戸城大手門の番所を移したものと伝えられ、享保の大火にも類焼を免れていましたが、老朽化したため、文政八年（一八二五）に建て替えられたといわれています。番所には、上士と下士の中間にあたる白札という格式の武士二人があてられていましたが、郷士や用人格の門番もいたようで、坂本龍馬の兄の権平も慶応元年（一八六五）、二年と西ノ口御番を勤めています。当時はこのあたりでも鶯の鳴き声が聞かれたのでしょう、浜田清次編『訓点山斎集』によりますと、国学者の鹿持雅澄は、用人格であった天保八年（一八三七）正月六日、西ノ口門で勤務中鶯の声を聞いて次の和歌を詠んでいます。

「城西の門を衛《まも》る時、始めて鶯を聞きて作《よ》める
高坂の御垣の谿《たに》に今日来ずは　先づ鳴く鳥の声聞かましや」

城内鎮座神社跡（西ノ口門上）

八幡宮はかつて本丸にありました（二ノ丸説もあります）。築城にあたって現在の場所に移し、江州（滋賀県）長浜の宇佐八幡宮を新たに勧請《かんじょう》して、合祀したものと考えられております。藩政中は毎年九月一日から一〇日まで、西ノ口門から入って、男子に限りだれでも参拝できる

鎮座した神社跡を示す祠

ことになっていました。明治四年（一八七一）八月一二日、山田町に遷座《せんざ》し、現在は高知八幡宮と称しています。

熊野神社も一豊築城以前から城内にあり、大正一三年（一九二四）六月、藤並神社境内に、平成二年（一九九〇）七月には山内神社境内に遷座《せんざ》しました。

厳島神社は、慶長一六年（一六一一）山内掃部介屋敷より遷座し、祇園牛頭《ごず》天王宮は中島町土手にあり、築城の際ここに遷《うつ》したものですが、明治四年、厳島神社は弘化台へ、祇園牛頭天王宮は八幡宮境内へそれぞれ遷座しました。

西ノ丸跡

西ノ口門を入って左手、現在県立弓道場「弘徳館」のあるところが西ノ丸跡です。搦手の備えとしては重要なところで、南北の堀に沿って枌《そぎ》葺きの矢狭間塀が巡らされていました。

この西ノ丸には藩政時代初期、山内一豊の客分として来国した、もと豊前小倉の城主・毛利吉成が住んでいました。吉成は関ヶ原の合戦では石田方に属して戦い、戦後の処罰で所領を没収され、加藤清正に預けられることになっていました。しかし、大坂在住の頃、山内家と屋敷が近く親しい関係にあり、特に石田方が関東遠征の諸大名の夫人たちを人質にしようとしたとき、一豊夫人と連絡を取り世話をした関係から、一豊が願い出て土佐に預けられたものです。吉成は西ノ丸に、子の勝永は久万に住みました。また、一族の久八吉次は土佐藩に召し抱えられました。幕末に活躍する毛利恭助はその子孫です。

吉成は一〇年後の慶長一六年（一六一一）五月七日死亡。その後、二代藩主山内忠義の長女喜与姫がここに住みました。喜与姫は陸奥三春城主松下長綱に嫁いでいましたが、長綱は精神に異常を来し土佐藩に預けられました。長綱の死後喜与姫は寿光院と名乗って西ノ丸に住み、西ノ丸様と称されて貞享二年（一六八五）まで七五歳の長寿を全うしました。

以後は居住の記録がなく、屋敷は取り壊されていた模様で、明治初年の図では蜜柑畑と書かれています。弓道場は昭和五四年（一九七九）、県立武道館の別館として開設されたものです。

下屋敷

現在の県庁のある部分一帯が下屋敷でした。堀に沿って土塁を築き矢狭間塀も巡らし、西南隅には物見櫓を設けた敷地内に表御殿・中奥御殿・長局などの広大な御殿が建てられており、総坪数は七四九坪（約二、四七六平方メートル）もあったといわれています。

この屋敷には隠居した藩主や藩主の世子（跡継ぎ）が住んでいました。維新前後は一二代藩主で隠居した山内豊資《とよすけ》が住んでいましたが、明治五年（一八七二）没後、この建物に興起病院が開院され、同七年公立高知病院となりました。興起病院、公立高知病院は患者の治療にあたるほか、医師の養成や開業資格の審査、公衆衛生その他多方面にわたる任務が課せられていました。この建物は同一二年失火のため焼失。あらためて病院風の建物が建てられました。

一方、五台山からこの敷地に移されていた高知県最初の洋風建築、吸江病院の建物は、明治一〇年八月には高知師範学校の校舎となり、一七年五月には県庁舎となりました。大正五年（一九一六）には県立図書館、同九年には県庁、一〇年には県議会議事堂がこの敷地にそれぞれ新築されましたが、昭和二〇年（一九四五）の戦災で図書館は貴重な史料とともに焼失しました。県庁と県議会議事堂は翌年の南海地震の被害も受け、修築して使っていましたが、昭和三七年にそれぞれ新しい建物が完成し、一〇月二五日落成の式典が行われました。現在の県庁舎・県議会議事堂はそのときの建物です。

片岡健吉の銅像

高知県議会議事堂前にある、初代高知県議会議長・第五代衆議院議長片岡健吉（一八四三～一九〇三）の銅像は二代目で、一代目は大正五年（一九一六）五月五日、現在の丸ノ内緑地に建てられた高知県公会堂前の庭内に建立されました。現在のものとほぼ同じ大きさで、制作は宿毛出身の彫刻家本山白雲（一八七一～一九五二）でしたが、戦時中金属回収のため供出されることになり、昭和一八年（一九四三）九月十四日撤去されました。

二代目は、昭和三七年（一九六二）県議会議事堂完成を記念して、元総理大臣吉田茂（一八七八～一九六七）を会長にした「片岡健吉先生銅像再建期成会」により、約二七〇万円の募金を集めて昭和三八年（一九六三）三月一八日に除幕しました。制作は夜須町出身の彫刻家浜口青果（一八九五～一九七九）、題字は吉田茂の書です。本体一・七九メートル、台座を含めた総高は三・七三メートルです。

片岡健吉の銅像も二代目（高知県議会議事堂前）

銅像台座文字（句読点筆者）
片岡健吉先生は天保十四年高知城下中島町に誕生、明治維新の創業に参加して功あり、また欧米を視察して得る所少なからず、後率先して立志社を創立し、立憲政治の確立に挺身した。明治十二年高知県会初代議長に就任、さらに衆議院議長となり上下の信望を集めた。明治三十六年没、享歳六十一。乃ち憲政の恩人として茲に像を再建し、不滅の功績を讃えるものである。

昭和三十八年三月再建

高知県知事　溝渕増巳撰

高知県議会議長　近藤正弥書

桜山（下屋敷庭園）

桜山は現在の県庁所在地にあった下屋敷の庭園として整備されていました。すでに寛文九年（一六六九）頃には東屋《あずまや》も造られていた模様です。「高知城の図」でみると涼風亭・和楽亭・花園亭といった東屋があり、山裾には蹴鞠《けまり》場もあることが分かります。その名のとおり桜が植えられて、遊歩道に沿って東屋の建つ美しい庭園として整備されていたことがうかがわれますが、明治維新後、西側山裾の堀も埋め立てられ、桜山のほぼ中央に車道が造られたため、その面影を留めていません。

現在は桜山の一角に昭和二八年（一九五三）、高知県交通安全協会・高知県交通従業員によって建立された「高知県交通殉難者之碑」があります。題字は実業家野村茂久馬（一八六九～一九六〇）の書です。

高知県交通殉難者之碑（桜山）

江ノ口川に沿って

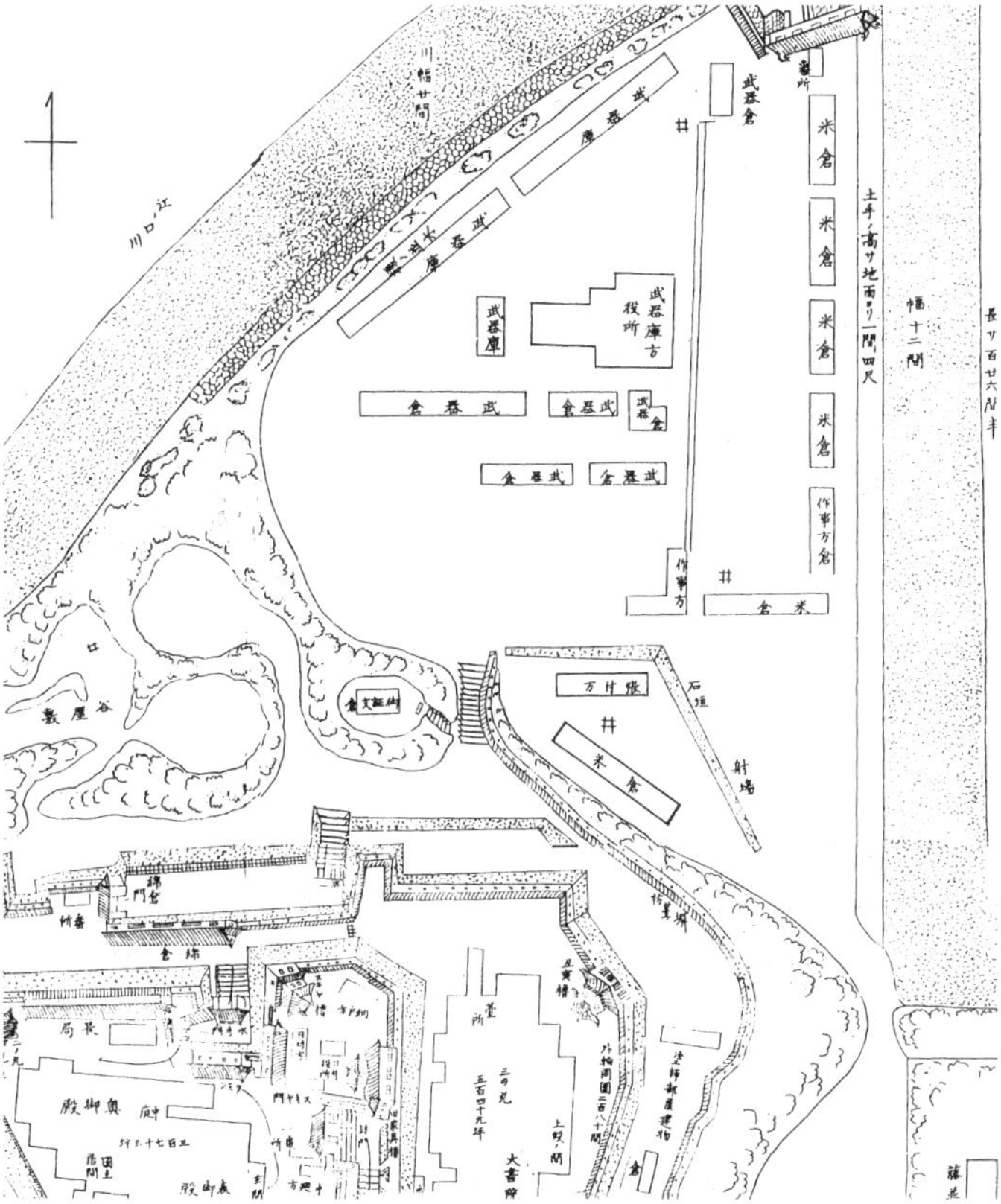
江ノ口川
川幅廿間
武器倉
武器庫
武器庫方役所
米倉
作事方倉
作事方
張付方
石垣
射場
土手ノ高サ地面ヨリ一間四尺
幅十二間
長サ百廿六間半
三ノ丸
大書院

江ノ口川周辺略図

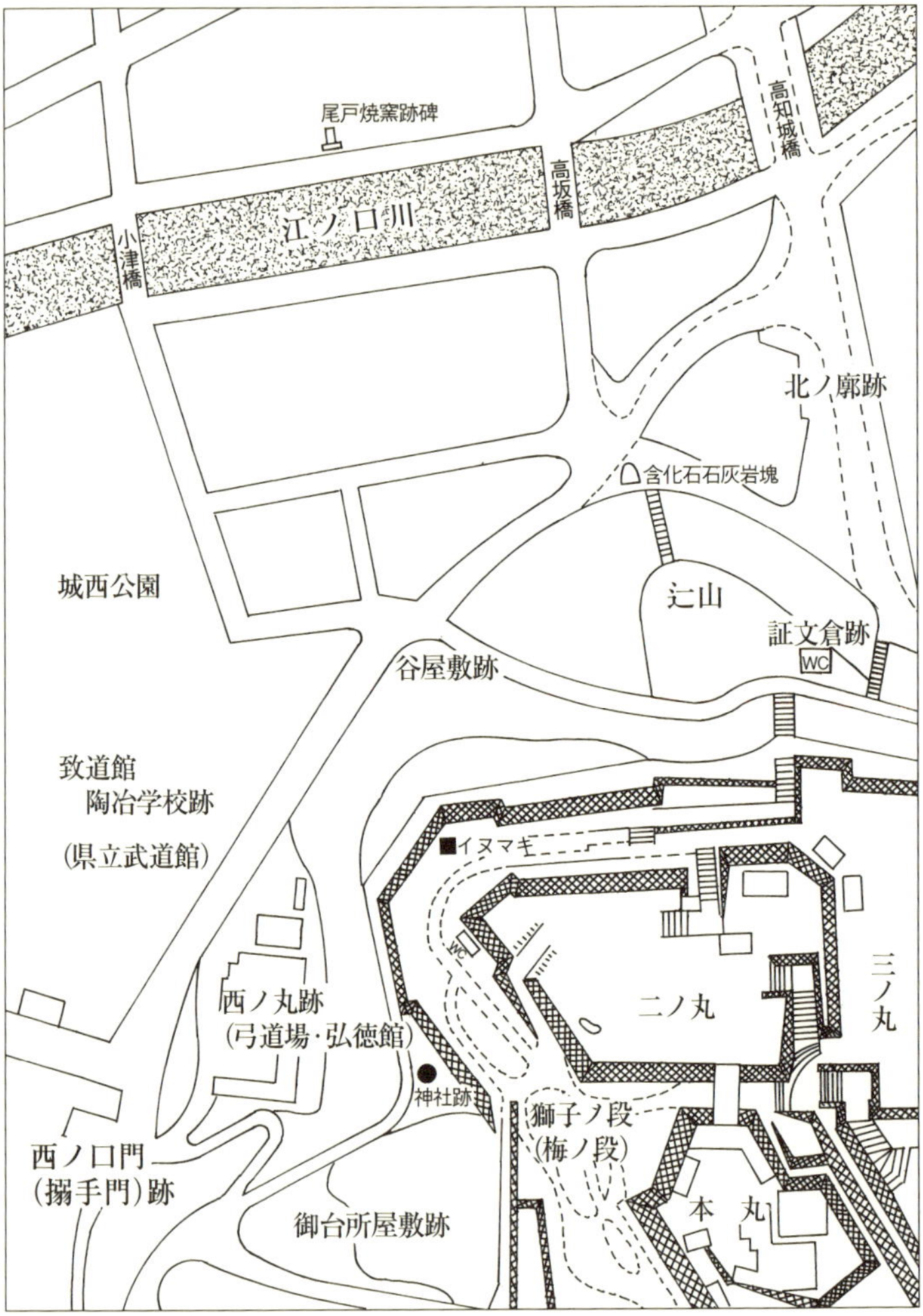

尾戸焼窯跡碑
高知城橋
高坂橋
江ノ口川
小津橋
北ノ廓跡
含化石石灰岩塊
城西公園
丸山
証文倉跡
WC
谷屋敷跡
致道館
陶冶学校跡
(県立武道館)
イヌマキ
WC
二ノ丸
三ノ丸
西ノ丸跡
(弓道場·弘徳館)
神社跡
獅子ノ段
(梅ノ段)
西ノ口門
(搦手門)跡
本　丸
御台所屋敷跡

北ノ廓・北門

北ノ廓《くるわ》は城内では一番広い平地で、五、八四〇・八坪（約一九、三〇八平方メートル）と記録されています。現在の高知公園駐車場西端のあたりから、北に向けて幅約二二メートルの堀があり、内側には高さ約三メートルの土塁が巡らされ、北側の江ノ口川沿いには、石垣が築かれていました。この廓の東北にあった北門は、「北ノ口御門」「鳴子御門」とも呼ばれ、高さ約三・六メートルの石垣の上に桁を載せた、本瓦葺き重層入母屋《いりもや》造り、約一一メートルの建物でした。また北門に通じる道は、北門筋と呼ばれていました。

北ノ廓には武器弾薬・食料の倉庫や、作事方の詰所などがあり、番所役人と特別に許可を受けた者以外の出入りは禁止されていましたが、毎年藤並神社の祭礼のため、九月一〇日から二七日まではだれでも通行できることになっていました。

明治になってから東側の堀も埋められ、明治八年（一八七五）には西ノ口門からの道ができて高坂橋が架けられました。明治二二年には高坂橋から山裾を東の永国寺町へ道路が開通し、翌二三年には北門筋寄りの東側部分（現丸の内高校のあたり）に、現在の県立高知農業高等学校の前身である高知県農学校が設立されました。

現在は高知公園区域からも除外され、県庁北庁舎・高知県保健衛生総合庁舎・高知県警察本部のほか、多くの民家もあり、江ノ口川沿いに石垣の一部が残るだけで、当時の面影をしのぶことはできません。

証文倉・谷屋敷

証文倉は最も大切な建物で、徳川幕府から土佐の国主に封ずる旨の証文をはじめ、重要書類のほか軍用金も詰めてあったといわれています。現在は〝辷山《すべりやま》〟と呼ばれて、花見や子どもの遊び場として親しまれています。

国学者鹿持雅澄の年譜を見てみますと、三八歳の文政一一年（一八二八）に御証文倉御番となり、その後根居《ねずえ》方加役を命ぜられています。「ねずえ」というのは文書の綴じあわせたものをいいますので、彼は証文倉で文書の整理などにあたっていたものと思われます。

証文倉の西に続く部分は谷屋敷と図面にありますが、現在は道路によって辷山の部分とイチョウの大木が林立する部分とに分かれています。谷屋敷という地名は、長宗我部元親が天正一六年（一五八八）に作成した「大高坂郷之地検帳」にも載っています。『皆山集』の「寺誌」によると、かつて江ノ口の龍福院という寺院が、「谷之坊」と称してここにあったことがある、と書かれておりますので、それにちなんで谷屋敷と呼んだのかとも考えられます。江戸時代の初期には家臣の屋敷があったようですが、東にある証文倉を火災から守るために、屋敷を取り除き、樹木も植えなかったようです。

江ノ口川と高坂橋

昔の江ノ口川は城西公園の北東部で南に曲がり、辷山の裾を流れていました。

武道館の東側の道は明治八年（一八七五）に造られ、辷山の山裾の所に高坂橋が架けられて江ノ口川を渡っていました。二二年には東の永国寺町からの道が通じ、江ノ口川は大正一三年（一九二四）から三年間にわたる改修工事で今のように真っすぐになって、高坂橋も新しく現在の場所に架けかえられました。

平成一二年（二〇〇〇）に新しく道路が整備されて、高坂橋の下流に高知城橋が架けられ、高知公園駐車場から北への通行が便利になりました。

尾戸焼窯跡

高坂橋から江ノ口川北岸を西へ五〇メートルほどの北側に「尾戸焼窯跡」の碑が建てられています。野中兼山が執政当時の承応二年（一六五三）、摂津高津（大阪）の陶工久野正伯を招いて陶器製造を始めた場所です。「尾戸」の名は「小津」がなまって変化したものといわれています。最

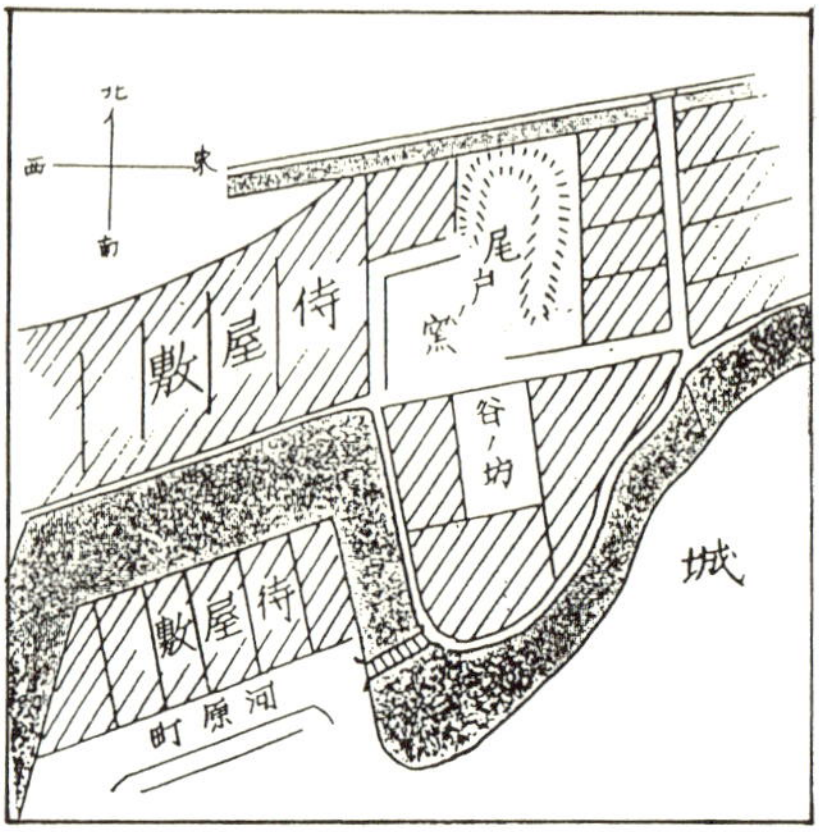

尾戸焼最初の窯場

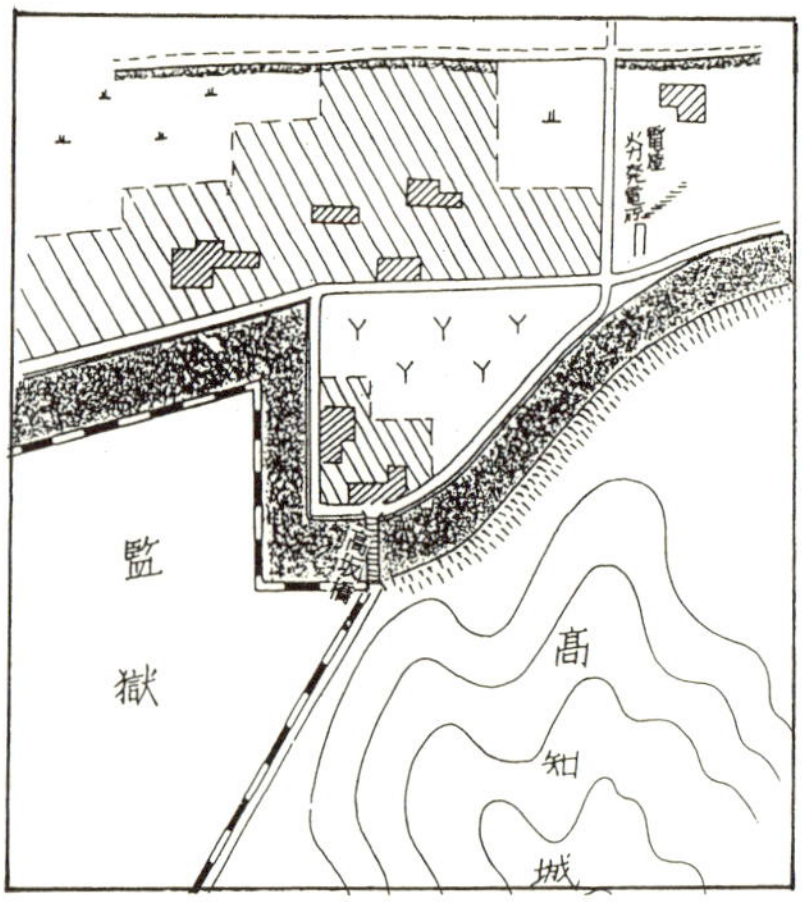

明治大正頃の尾戸附近地圖

（『陶器全集』より）

初の窯場は碑のあるあたりに造られましたが、六〇数年後の享保四年（一七一九）頃には南東方向、現在の高坂橋南詰め西側のあたりに移転していたようで、昭和二四年頃発掘されて、円形の窯があったことが確認されています。

のちに土佐藩では磁器を国産化して藩の内外に売りさばくことを計画し、文政三年（一八二〇）粘土のある能茶山に窯場を新設しましたので、尾戸の窯場は閉鎖されました。

辷山北麓の含化石石灰岩塊

辷山の北側山裾、城西公園方面と高坂橋方面との三差路の所に、昭和四二年（一九六七）五月一三日、高知市の保護天然記念物に指定された岩塊があります。側に建てられている説明の碑には次のように書かれています。

高知公園付近一帯の地層は、秩父帯高岡層に属し、約二億二千年（註・万の字脱字か？）前の海底堆積によるものである。この岩塊もその一部であって、標準化石フズリナ（紡錘虫）を含む石灰岩質礫岩である。

（沢村武雄）

辷山一帯は砂岩や泥岩とともに石灰岩礫岩が確認されているそうで、この礫岩の岩塊はこの一帯に分布する地層を構成する一岩種とみなされています。礫岩は礫（角のない小石）が水底などに堆積して粘土・砂などにより固まってできた岩石で、ここにある石灰岩礫から地質年代を決定する上で指標となる紡錘虫化石が確認されたことで、この一帯の地層の年代は古生代であることが確定したといわれています。

幕末から明治時代にかけて、この岩塊がどのような形でここにあったかは明らかでありませんが、すぐ前を江ノ口川が流れておりましたので、あるいは舟の綱を掛ける石として利用されたのかもしれません。それはともかく、二億二千万年前（『高知市の文化財』では二億六千万年前）に海中にあった岩塊が露出して現存するのは高知市内ではここだけで、貴重な標本といえます。なお〝紡錘虫〟の化石は〇・八～一ミリメートルといわれていますので、肉眼で見付けるのは難しいでしょう。

150年間、時代を見守ってきた文武館の門。入った所に高知県立武道館

致道館並びに陶冶学校跡

現在城西公園と県立武道館のある場所はもと河原町と呼ばれていて、藩士の屋敷地となっていました。土佐藩の教育施設教授館《こうじゅかん》は、宝暦一〇年（一七六〇）八代藩主山内豊敷《とよのぶ》の創始で、現在の土佐女子中高等学校の場所にありましたが、幕末の風雲急をつげる中、文中心の教授館では時代の要請にこたえられなくなり、この地にあった一一軒の武家の屋敷地を召し上げて、文久二年（一八六二）四月文武館を開校しました。教科は文館と武館に分かれていて、文館では史学・経学・書学・蕃書（外国語）・国学、武館では弓術・馬術・剣術・槍術・居合・軍太鼓・軍貝・砲術を指導しました。

文武館は、慶応元年（一八六五）致道《ちどう》館と改称、明治五年（一八七二）に廃止されましたが、校舎の一部は明治三年以来県庁にあてられました。

明治七年には、後の高知師範学校の前身である陶冶《とうや》学舎が県庁に併設されました。翌明治八年陶冶学校と改称、一〇年には高知師範学校と改称して現在の県庁の敷地に移転、県庁も明治一七年現在の場所に移転し、その跡地は高知刑務所となっていましたが、昭和五一年（一九七六）高知市布師田に移転し、跡地に県立武道館と城西公園がつくられました。

現在、武道館入り口に残っている門は、文武館・致道館・県庁・刑務所のそれぞれの時代を通じて現在の場所にあり、慶応四年（一八六八）一月には倒幕戦のため出征する土佐藩迅衝隊一千四百人を見送るなど、一五〇年の間多くの人たちを見守ってきた貴重な建物です。

あとがき

県都高知市の中心部にその威容を見せる高知城は、全国に残る一二の江戸時代からの城郭の一つとして貴重であり、古城を訪ねて全国を旅する人たちにとっても必見の城郭であります。ことに追手門と天守が一枚の写真に無理なく収まることや、本丸部分の全施設がそのまま残されていることなど、他の城郭遺構にない特色を備えており、バランスのよい天守とともに「南海道随一の名城」の名に恥じない優美な姿で、訪れる人たちを迎えてくれます。

国の重要文化財に指定されている一五の建造物はもちろんですが、城郭を構成する石垣は一部を除いて創建当時の姿をそのままに、古城の面影を残しています。時には通常の見学通路を離れて、北側部分の石垣を眺めながら散策してみてはどうでしょうか。春の山吹、秋のイチョウ落葉と、四季それぞれの風情の中に苔むす石垣は、高知城の縄張りの巧妙さとともに、建設にたずさわった多くの人々の苦心のあとが偲ばれます。

私は、土佐観光ガイドボランティア協会で研修を担当し、ガイドのための資料づくりを兼ねて高知城をめぐるたびに、多くの新しい発見がありました。そして、高知城は身近にあって朝夕親しんでおりながら、案外全体の姿が分かっていない市民が多いのではないでしょうか。このことは、最近適当な案内書が手に入らないことも一つの原因ではないかと思うようになりました。このような思いから、築城四〇〇年の節目にあたる平成一二年に、浅学を顧みずこれまでに調べたものをまとめて、一冊のガイドブックとして見ていただくことにしました。

今回はその第三版として、施設の変化や若干の補足を加味して発行することといたしました。拙文にかかわらず、岡﨑誠也高知市長から丁重な序文をいただきましたことは、誠に光栄で心から厚くお礼申し上げます。

執筆にあたってはできるだけ専門用語を避け、中・高校生にも理解しやすいように心がけ、また、普通では気付かない石垣の文字なども採録して、楽しく高知城を散策していただけるようにと考えたつもりです。このガイドブックが、高知城を知る上で、少しでもお役に立てましたら幸いです。しかし、城郭に関する基礎知識も乏しく、不十分な点も多いと思いますので、読者のご指摘をいただきながら、今後の糧としたいと思っております。

初版にあたっては土佐史談会・秦史談会の先輩諸氏の多くのご助言をいただきましたが、今回は観光ガイドボランティア仲間で碩学の二宮哲也氏に旧版の見直し校正の労をとっていただきました。発行にあたられました高知新聞総合印刷のスタッフの方々もあわせて、厚くお礼申し上げます。

平成二七年七月

岩﨑　義郎

●参考資料

城郭の構築分類

城郭の構築分類について全国城郭管理者協議会編『城のしおり』を参考に記してみます。

〈山城《やまじろ》〉

南北朝争乱期（十四世紀後半）に、山岳寺院などを利用した山岳城郭が発生し、ゲリラ戦の拠点として威力を発揮するようになり、それ以前の平地の地頭館、国人領主館などにかわって次第に天険を利用した山城が発達するようになりました。

室町時代には百〜二百メートル級の山城が守護の居城として一般化しはじめ、さらに戦国時代になるとその規模がますます大きくなり、戦国大名の本城や支城にもその例が少なくありませんでした。

（岐阜・郡上八幡・備中松山・岩国など）

〈平山城《ひらやましろ》〉

戦国大名によって領国が統一され、家臣団と商工業者の集住が進みますと、山上の要害だけでは不十分となり、広い平地を裾野にもつ低い山や、平野の丘陵地が城地に選ばれ、城下町と一体となった城づくりが主流となっていきました。これが平山城で、近世城郭ではその例が多くみられます。

（高知・弘前・若松・小田原・浜松・岡崎・犬山・彦根・姫路・宇和島・松山・丸亀など）

〈平城《ひらじろ》〉

戦国末期から江戸初期にかけて、各大名の領地が広大となり、その支配の中心となる城郭と城下町の建設には、政治的・軍事的・経済的効率化を求めて、広い平野部が選ばれるようになりました。豊臣秀吉の大阪築城が、本格的な平城構築の最初の典型例とみなされています。大規模な石垣と堀の築造による防衛力の強化も、平城の特徴の一つです。近世城郭は、平山城以上に平城が主流をなしています。

（松本・名古屋・二条・大阪・岡山・広島・今治など）

このほか、〈水城〉というのがあり、その中で海岸や海中の島に築かれたものを海城（高松・今治・桑名・三原など）、湖岸や湖中の島に築かれたものを湖城（高島・膳所など）、川を利用した平城で川に依存する防御が大きいものを川城（中津・広島・徳島など）と呼ぶことがあります。

現存する12の天守の年代と様式

城　名	城の種別	天守建立年	建立者	様　　式
弘前城（重文）	平山城	文化７年（1810）	津軽寧親	独立式３層天守、銅瓦葺き。外向きの東･南部分には張り出しをつけ、切妻造り屋根をつけて変化を見せる。最上層高欄回廊なし。
犬山城（国宝）	平山城	天文６年？（1537）	織田信康	３層４階地下２階付き、本瓦葺き。搭載式天守で古い様式。天文６年建立の金山城を移したというも確証なし。最上層高欄回廊あり。
丸岡城（重文）	平山城	天正４年？（1576）	柴田勝豊	２層３階石瓦葺き。天守発生の原初的形態を有するが、建立時期は慶長期説（1596〜1615）もある。最上層高欄回廊あり。
松本城（国宝）	平　城	文禄年間？（1592〜1595）	石川数正･康長	５層６階、下見板張り上部塗り籠め。連立式と複合式の両式を備える唯一の遺構。建立年代は確証なし。最上層高欄回廊なし。
彦根城（国宝）	平山城	慶長11年（1606）	井伊直継	３層３階、塗り籠め一部下見板張り。切妻破風、千鳥破風、唐破風、花頭窓の調和が美しい。最上層高欄回廊あり。
姫路城（国宝）	平山城	慶長14年（1609）	池田輝政	５層６階地下１階、総塗り籠め。大天守と３基の小天守が群立、日本一を誇る美観。最上層高欄回廊なし。平成５年世界文化遺産登録。
松江城（国宝）	平山城	慶長16年（1611）	堀尾吉晴	４層５階地下１階、下見板張り一部塗り籠め。地階に人質倉跡、４階と地階に厠あり、初期天守の特色を残す。最上層高欄回廊あり。
備中松山城（重文）	山　城	天和３年（1683）	水谷勝宗	２層２階、一部塗り籠め一部下見板張り。山城天守の唯一の遺構。１階に囲炉裏、装束の間などの居住設備あり。最上層高欄回廊なし。
丸亀城（重文）	平山城	寛永20年（1643）	山崎家治	３層３階、一部塗り籠め一部下見板張り。現存の天守では最小。最上層高欄回廊なし。（造形美の粋をこしらえた石垣は有名）
宇和島城（重文）	平山城	寛文11年（1671）	伊達宗利	３層３階本瓦葺き、総塗り籠め。石落としや鉄砲狭間がないなど、泰平の時代に造られた装飾性の強い天守。最上層高欄回廊なし。
松山城（重文）	平山城	嘉永５年（1852）	久松勝善	３層３階地下１階、下見板張り一部塗り籠め。慶長期加藤嘉明創建の天守は焼失のため再建。連立式平山城。最上層高欄回廊あり。
高知城（重文）	平山城	寛延２年（1749）	山内豊敷	３層６階本瓦葺き総塗り籠め。焼失後再建したが、慶長創建の姿を伝える。天守台がなく、本丸石垣から建ち上げ。最上層高欄回廊あり。

（註）国宝の城は上記５城に二条城を含めて６城。

土佐歴代藩主

（15代藩主豊信の墓は東京都品川区に、その他の歴代藩主は筆山の山内家墓所にある）

代	藩主名	家系	藩主在任期間	在任年月	没年月日	享年	戒名
1	一豊《かつとよ》	盛豊子	慶長５年11月～ 慶長10年９月	４年10月	慶長10年(1605) ９月20日	61	大通院殿心峯宗傳《だいつういんでんしんほうそうでん》大居士《だいこじ》
2	忠義《ただよし》	一豊弟康豊子	慶長10年11月～ 明暦２年７月	50年８月	寛文４年(1664) 11月24日	73	竹巌院殿龍山雲公《ちくがんいんでんりゅうざんうんこう》大居士《だいこじ》
3	忠豊《ただとよ》	忠義子	明暦２年７月～ 寛文９年６月	12年11月	寛文９年(1669) ８月５日	61	徳昌院殿傑山宗英《とくしょういんでんけつざんそうえい》大居士《だいこじ》
4	豊昌《とよまさ》	忠豊子	寛文９年６月～ 元禄13年９月	31年３月	元禄13年(1700) ９月14日	60	覆載院殿含弘周徳《ふくさいいんでんがんこうしゅうとく》大居士《だいこじ》
5	豊房《とよふさ》	忠義弟一唯孫 (指扇山内家)	元禄13年11月～ 宝永３年６月	５年７月	宝永３年(1706) ６月７日	35	天曄院殿俊山泰雄《てんよういんでんしゅんざんたいゆう》大居士《だいこじ》
6	豊隆《とよたか》	豊房弟	宝永３年８月～ 享保５年４月	13年８月	享保５年(1720) ４月14日	48	龍泉院殿静国鐵心《りゅうせんいんでんせいこくてつしん》大居士《だいこじ》
7	豊常《とよつね》	豊隆子	享保５年５月～ 享保10年９月	５年４月	享保10年(1725) ９月２日	15	旭光院殿天岳良英《きょくこういんでんてんがくりょうえい》大居士《だいこじ》
8	豊敷《とよのぶ》	深尾規重子 (忠義弟重昌系列)	享保10年10月～ 明和４年11月	42年１月	明和４年(1767) 11月19日	56	大昌院殿天徳承真《だいしょういんでんてんとくしょうしん》大居士《だいこじ》
9	豊雍《とよちか》	豊敷子	明和５年１月～ 寛政１年８月	21年７月	寛政１年(1789) ８月24日	40	靖徳院殿融昭彝寛《せいとくいんでんゆうしょういかん》大居士《だいこじ》
10	豊策《とよかず》	豊雍子	寛政１年10月～ 文化５年２月	18年４月	文政８年(1825) ８月３日	53	泰嶺院殿曄山顕瑺《たいれいいんでんようざんけいじょう》大居士《だいこじ》
11	豊興《とよおき》	豊策子	文化５年２月～ 文化６年３月	１年１月	文化６年(1809) ３月19日	17	寛邦院殿泰雲源心《かんぽういんでんたいうんげんしん》大居士《だいこじ》
12	豊資《とよすけ》	豊興弟	文化６年５月～ 天保14年３月	33年10月	明治５年(1872) １月４日	79	神式葬
13	豊熈《とよてる》	豊資子	天保14年３月～ 嘉永１年７月	５年４月	嘉永１年(1848) ７月10日 （実６月15日）	34	養徳院殿後鏡視倹《ようとくいんでんこうきょうしけん》大居士《だいこじ》
14	豊惇《とよあつ》	豊熈弟	嘉永１年９月～ 嘉永１年９月	１月	嘉永２年(1849) ２月18日 (実前年９月18日)	26	譲恭院殿篤信自省《じょうきょういんでんとくしんじせい》大居士《だいこじ》
15	豊信《とよしげ》	豊資弟豊著子	嘉永１年12月～ 安政６年２月	10年２月	明治５年(1872) ６月21日	46	神式葬
16	豊範《とよのり》	豊惇弟	安政６年２月～ 明治２年６月	10年４月	明治19年(1886) ７月13日	41	神式葬
17	豊景《とよかげ》	豊範子			昭和32年(1957) １月５日	83	神式葬
18	豊秋《とよあき》	豊景弟豊静子			平成15年(2003) ９月29日	91	神式葬
19	豊功《とよこと》	豊秋子					

土佐漆喰の造り方と塗り方

高知城天守閣の修理工事では、土佐古来の製造法による漆喰《しっくい》が使用されました。土佐漆喰は平成二七年（二〇一五）に修理を完了した姫路城にも使われました。その漆喰の製造と塗り方などについて、修理報告書の記載を要約します。

(1)石灰

漆喰の原料となる石灰は地灰と称する特別の製造法によるものを用いた。地灰は粒子を荒くし粘り気を少なくするために、焼成の場合普通一般のものよりも塩の量を二倍以上入れて焼き、沸化さすには機械沸化は行わず、一度に大量の水を掛けて沸化させたものである。

(2)すさ

すさは藁を三〜三・六センチに切り、水に浸したのち一・八メートル角の箱に入れて踏み込み、その上に藁束を乗せ、重しをして発酵させる。夏期ならば一五日くらいで発酵するので、取り出してよく切り返して積み直す。この際熱のため水分が蒸発していれば、手で握り締めて指の間から水が流れ出る程度に適度に水を補給する。こうしてさらに一五日くらい放置し、その一部を取り出して両手で揉んで藁が繊維状となれば良好であるから、すぐに取り出して乾燥させておく。なお藁が固くて解けなければ、さらに幾日かを延ばして繊維状になるのを待つ。この際注意しなければならないことは、藁を引っ張ってみてすぐ切れるようであれば発酵が過ぎているから、時々検査する必要がある。

(3) 漆喰の製造

漆喰の製造は以上のようにして作られた石灰、藁すさを石灰三〇キログラムに対して中乾燥程度の藁すさ三キログラムの割合で水練りをして貯蔵しておく。この漆喰が適度に水分が除かれ硬化した頃、取り出して石臼に入れよく搗《つ》けば柔らかくなり粘り気ができてくる。これを臼から出して三〜四日積み上げておくと水分が取れて再び硬くなる。これを再び石臼に入れて搗くが、こういうことを三回ないし四回繰り返すと、藁すさは全く解けて微細な糸状になり、漆喰は粘り気をいよいよ増すのである。使用の際はこれを浅い木箱に入れて十分に鍬押しをして、すさの固結を解いて使う。

(4) 竈底漆喰

竈底《かまぞこ》漆喰は竈底灰と呼ばれる生石灰の篩《ふるい》落としを沸化させたもので、それに藁すさを切り込んでおいた臼で搗いて造ったものである。これは石灰石の不燃焼分や不純物を混入してはいるが、よく硬化するので下塗り用としては十分使用できる。

(5)大壁塗り

大壁の下地（小舞）は幅三センチ程度の薄い檜材を約九センチ間隔に縦横に組み、その交点を端を一五センチほど垂らすようにして糯藁《もちわら》縄または棕櫚《しゅろ》縄で結ぶ。

荒打ちは竈底漆喰を用いて小舞外面まで塗り、その上に垂らした縄を約三センチ厚さに塗り込む。中塗りは漆喰と竈底漆喰を等分に混合し、若干の砂を交ぜて厚さ約二センチに塗る。

上塗りはその工程を三回に区分し、第一回と第二回は漆喰に約三割の砂を入れて、各厚さ〇・三センチに塗る。第三回は純漆喰を用いて厚さ約〇・六センチに塗り立てて、十分に鏝《こて》磨きを施す。この鏝磨きは単に表面をならして光沢を出すだけでなく、質を密にし硬度弾力を増加し防水効果を高めるのであって、土佐漆喰だけに使用される独特の工法である。

(6)軒などの塗籠

軒桁・軒裏などはそれぞれ麻糸や糯藁縄などを巻き付けたり、亜鉛釘で打ち付けたりして下地を造る。その上に三回〜四回塗りとして厚さ一・八センチ〜二・七センチに仕上げ、大壁同様鏝磨きを行っている。

主な引用・参考文献

書名など	著者・編者
城郭調査ハンドブック	千田嘉博・小島道裕・前川要
日本の城早わかり事典	監修　井上宗和
城	井上宗和
城の日本史	内藤　昌
城と城下町	企画・発行　日本通信教育連盟
高知城	山本佑輔
高知城	橋詰延寿
史跡高知城跡	高知県教育委員会
土佐国古城略史	宮地森城
四国の古城	山田竹系
日本名城の旅（上巻）	日本旅行作家協会編
四国の城と城下町	井上宗和
日本の名城	花田雅春

日本の建造物　香川元太郎

日本の公園　田中正大

四国の城　小学館

日本の城　編集　碧水社

日本城郭大系　新人物往来社

日本城郭全集　人物往来社

高知城とその周辺ガイドブック　土佐観光ガイドボランティア協会

寺社建築の鑑賞基礎知識　濱島正士

歴史散歩事典　監修井上光貞

高知公園史　武市佐市郎集第十巻

高知県の文化財　高知県教育委員会

土佐美術史　山本　淳

皆山集　松野尾章行

南路志　武藤致和

一豊公紀　山内神社宝物資料館

高知県史　高知県史編纂委員会

主な引用・参考文献

高知市の文化財　高知市教育委員会

高知県人名事典新版　高知新聞社

高知県歴史事典　高知県歴史事典編集委員会

山内一豊　山本　大

鹿持雅澄先生百年祭記念誌　鹿持雅澄先生百年誌刊行会

鹿持雅澄　尾形裕康

鹿持雅澄研究　小関清明

訓点山斎集　浜田清次

高知師範学校略史　高知師範学校略史編集委員会

板垣退助銅像修復の栞　板垣退助銅像改修期成会

板垣退助君略伝　板垣伯銅像記念碑建設同志会

無形板垣退助　平尾道雄

板垣退助　高知市立自由民権記念館

板垣退助君略伝　板垣伯銅像記念碑建設同志会

板垣退助先生銅像供出録　板垣会代表　池田永馬編著

板垣退助展解説図録　高知市立自由民権記念館

片岡健吉先生銅像再建報告書　片岡健吉先生銅像再建期成会
野村茂久馬翁　九曜会野村翁伝記編さん委員会
城西館藤本楠子伝　里見義裕著
土佐偉人伝　寺石正路
土佐名家系譜　寺石正路
土佐　その風土と史話　平尾道雄
くろしおライフ特集　高知城石垣と刻印の謎を追う　前田秀徳
城と陣屋　19号　土佐高知城　明神政義
中央公民館40年の歩み　高知市立中央公民館
高知建築士　23号　高知城の櫓等について　吉松　清
重修高知城天守に就いて　上田虎介
高知城天守閣昭和修理工事　明神政義
重要文化財高知城天守修理工事報告書　高知県教育委員会
重要文化財高知城修理工事（第二期）報告書　高知県教育委員会
重要文化財高知城（第三期）修理工事報告書　高知県教育委員会
史跡高知城跡1　御台所屋敷発掘調査報告書　高知県教育委員会

主な引用・参考文献

高知城跡　伝御台所跡史跡整備事業に伴う発掘調査報告書
　　　　　　　　　　　　　　高知県文化財団埋蔵文化財センター
土佐史談　46号　　　　　　　国宝高知城
　　　　　60号　　　　　　　国宝高知城所感　文部省嘱託　服部勝吉氏講演筆記
　　　　　〃　　　　　　　　高知城のドン
　　　　　71号　　　　　　　一豊公へ先祖が馬を売ったという婆さん現わる
　　　　　110号　　　　　　「一豊の妻の銅像に思う」山本　大
　　　　　161号　　　　　　「板垣退助銅像」　橋詰延寿
写真集高知市・まちと人の100年　高知まちと人の100年　101人委員会
ふるさとの想い出写真集　　　寺田　正編
陶器全集　　　　　　　　　　陶器全集刊行会
郷土やきもの考　　　　　　　山本貞彦
大阪朝日新聞四国版　大正5年5月6日　片岡健吉銅像関係
　〃　　　高知版　昭和13年2月9日　板垣退助銅像関係
　〃　　　〃　　　昭和13年2月11日　〃
高知新聞　　　　　大正5年5月6日　片岡健吉銅像関係

高知新聞	昭和26年2月14日	追手門のシャチホコ
〃	昭和31年5月7日	板垣退助銅像関係
〃	昭和38年3月19日	〃
〃	昭和40年2月27日	山内一豊の妻銅像関係
〃	昭和56年12月7日	野村茂久馬銅像関係
〃	昭和56年12月9日	〃
〃	平成元年5月1日〜	高知城お堀物語
〃	平成2年1月1日〜	高知城ものがたり
〃	平成4年8月13日	「土佐天文散歩」岡村啓一郎
〃	平成4年10月18日	「日時計の仕組み」解説　田中真一
〃	平成6年10月1日	動物園跡地の発掘調査
〃	平成6年12月13日	高知城「兼山堀」にジャンボウナギ
〃	平成8年1月20日	山内一豊銅像関係
〃	平成8年9月3日	〃
〃	平成8年1月21日	〃
〃	平成8年9月20日	〃

索　　引

著者略歴

岩﨑義郎（いわさきよしろう）
昭和２年（1927）高知県生まれ
昭和58年（1983）敷島紡績株式会社退職
平成元年（1989）土佐観光ガイドボランティア協会設立に参加
平成11年から同協会会長
平成15年から同会顧問
土佐史談会・秦史談会・龍馬研究会・坂本龍馬倶楽部　などに所属

高知城を歩く

2001（平成13）年１月１日　初版発行
2002（平成14）年12月１日　第２版発行
2015（平成27）年８月１日　第３版発行

著　者　岩﨑義郎
発行所　高知新聞社
発行者　宮田速雄
制　作
印刷所　株式会社高知新聞総合印刷
780-0870　高知市本町３丁目１-１
電話　088(856)6573

発売元　株式会社高知新聞総合印刷

ISBN978-4-906910-36-6